Arno Schmidt war oft boshaft. Schließlich hielt er es für »eine der Aufgaben des Künstlers, boshaft zu sein«. Die Figuren, denen er seine Aussprüche in den Mund legt, verkehren weder in Salons und Debattierclubs, noch wollen sie mit blasierter Miene, die Beine elegant übereinandergeschlagen, möglichst brillant formulierte Bonmots von sich geben –: aus ihnen ertönt vielmehr »das heulende Gelächter des Gehirntiers«. Schmidts Ich-Erzähler, die in dieser Auswahl vornehmlich zu Wort kommen, sind meist leidenschaftliche Einsame, die sich wie im rasenden Sturz durch die Welt zu bewegen scheinen, von der sie wissen, daß sie definitiv nicht die beste ist. Keine Gelegenheit lassen sie vorübergehen, ihre Wut herauszuschleudern auf den Schöpfer-Dämon, der die Welt so miserabel erschaffen hat, und auf die Menschen, die alle Anstrengungen unternehmen, sie noch miserabler zu gestalten.

Schmidts literarische Figuren sind in ihren Aussprüchen oft politisch unkorrekt, rücksichtslos und beleidigend. Und ungerecht – aber was heißt das bei einem Autor, der den bedenkenswerten Begriff der »ausgleichenden Ungerechtigkeit« geprägt hat! Schmidts Aussprüche sind keine Diskussionsbeiträge zur Lösung von Problemen, sie sind die Kriegserklärungen eines von Schopenhauer geprägten Pazifisten an eine Welt, die »besser nicht wäre«.

Arno Schmidt, am 18. Januar 1914 in Hamburg geboren, starb am 3. Juni 1979 in Celle.

insel taschenbuch 3241

Arno Schmidt für Boshafte

Arno Schmidt für Boshafte

Ausgewählt und mit einem Nachwort
von Bernd Rauschenbach

Insel Verlag

Umschlagillustration: F. W. Bernstein

insel taschenbuch 3241
Originalausgabe
Erste Auflage 2007

Umschlag nach Entwürfen von Willy Fleckhaus
Vertrieb durch den Suhrkamp Taschenbuch Verlag
Druck: Druckhaus Nomos, Sinzheim
Printed in Germany
ISBN 978-3-458-34941-9

1 2 3 4 5 6 – 12 11 10 09 08 07

Inhalt

Kosmos, Leben und Natur

Nicht daß ich das Leben en bloc zu verleumden gedächte : *ich* weiß sehr wohl noch zu unterscheiden, ob der ganze Kosmos abnimmt, oder man bloß ich=selber; aber das Meiste war schon ziemlich doof. Natürlich gab's auch ab & an ne gelungene Stelle im Universum; aber die Mehrzahl der Produkte jenes sete Boss war Fusch=Werk, schnell & schludrich, wie vo'm alten=frechen Handwerksburschen : wenn's n Buch wär', würde der Autor schon das seinige zu hören bekomm'm. Aber so kuschschtn se Alle. [I,3,533]

Je nun; wir leben in einem Kosmos, wo nichts wirklich zählt. [IV,4,94]

M. *(gutmütig widersprechend)* : Aber es gibt doch so viel Schönes : der gestirnte Himmel über mir .....

B. : Da rülpsen Feuerdrachen ! – Was meinen Sie, wenn man Sie einmal der lieben Sonne ‹näherte› ? : Hei, würden Sie Augen machen, bei Flammenförtzen dreißigmal so lang wie ‹Mutter Erde› !

M. : Oder das Grün einer weiten Wiese ? : Nebel entsteigt dem Bach : Das Silberhorn eines Mondes .....

F. : Auf der Wiese ? : stehen Millionen winzig=grüner Ringer im Clinch auf Sein=oder=Nichtsein. / Zum Weißen=Nebel=Wunderbar muß sich Wasser wandeln : haben Sie einmal daran gedacht, daß auch ‹Aggregatzustände› schmerzen könnten ? / Und der Mond ? : ‹Siehstu das kalte Nachtgesicht dort hoch am Himmel hangen ?›, die Züge mit einer halbmeterdicken Staubschicht zerschminkt : meinen Sie tatsächlich, daß angesichts einer Nova noch Ihr devot=gestirnter ‹Himmel=über=Mir› am Platze wäre ? !

B. : Und wenn's vielleicht auch nicht die ganze Wahrheit ist, so ist es doch bestimmt mehr als die halbe : Wir, mit unzulänglichen Organen unschuldig Gehandicapte, ob in Bikini oder Zwangsjacke, wir werden, in ehrlichen Augenblicken, schwanken müssen; zwischen periodischem Kopfschütteln ob ‹des Allmächtjen Güte›, und systematisch=finsterem Pan=Diabolismus : lebenslängliche Optimisten sind nur Narren oder Feiglinge, und wer's nicht glaubt, ist selbst einer. – *(Kühl)* : Freilich gehört ein gewisser Mut dazu ..... [II,2,198]

MARTINA : »Sag A&O : Was iss das Lebm ? ! –«

A&O (achselzuckend) : »Die Auflehnung der Eiweiße gegn die Silicate. (*Und* den Leeren Raum).

Wobei die erstn Gefühle, auf beidn Seitn, Unbehagn und Widerwille gewesn sein dürftn. Nun sucht dies spezielle Schleim=Geist=Gemische, ›Mensch‹ genannt, nach mehr Sternen, über die der Fluch des Lebens gekommen sein könnte. – (?) : Naja; ich bezweifle, daß GOtt mit dem Menschn gerechnet habm, und noch mehr, daß er ihn mit Wohlgefall'n betrachtn werde. Eher : wie ein Kind ein von ihm kaputtgemachtes Spielzeug in'n Schrank weg=versteckt – so GOtt diese Welt in ein'n abgelegnen, sternstaubijen SeitnWinkel der Milchstraße.« [IV,3,165]

Manchmal ergibt sich natürlich auch etwas wie ‹Gerechtigkeit›; denn auch sie ist sehr wohl in der Welt, wenn auch nur als kurioses Spurenelement, und meist bei unpassender Gelegenheit. [II,2,313]

Man hat in dieser feinen Schöpfung nur die Wahl zwischen Explosion und Fäulnis ! [I,2,69]

Licht aus : Wir haben Alles mit Schmerzen versehen : das Licht »verbrennt«; der Schall »erstirbt«; der Mond »geht unter«; der Wind »heult«; der Blitz »zuckt«; der Bach »windet sich« ebenso wie die Straße. [I,2,70]

Sonnenuntergang : die untergehende Sonne selbst ist nicht schön ! : rot, fett, widerwärtig, blutig, blind. – Aber später der Himmel; aber die unbeweglichen Schlieren der Wolken ! [I,1,343]

Er, der Mond, ist der bei weitem Vertrautere, im Vergleich zur Sonne. Da gibt es höchstens kultische Gesänge, ergeben gebückten Hauptes am unmagisch=grellen Morgen dargebracht : man kann das rasende Licht ja einfach nicht ansehen, ohne sofort den Kopf geblendet beiseite zu nehmen ! [II,2,231]

Aber eines ist endlich – etwas spät freilich; und überhaupt ‹wie lange noch ?› – erreicht : *ich sehe von meinem Schreibtisch aus den Mond aufgehen !*

Was das für mich bedeutet, davon machen sich wenige Menschen einen Begriff. (*Aller*letzten Endes hat es wohl lediglich mit der Sehschärfe zu tun; ich habe, von Kindesbeinen an, so starke ‹Minus=Zylinder›, daß noch jeder Optiker vor rarer Freude aufgejauchzt hat, wenn er meine Brille unter's Meßgerät legte. Ich bin wegen meiner Selenomanie weder ‹hyänenhaft feige›, noch eine ‹potentielle Verbrechernatur›, wie viele meiner Gegner arg gerne möchten – als wenn die Erde nicht groß genug wäre, daß wir Alle darauf Unrecht haben können ! Neinein; ich gehöre wirklich nicht ins Irrenhaus; obwohl ich seit meiner Geburt natürlich darin lebe.)

Zugegeben, ich sehe auch die Sonne aufgehen; aber zu dem blutigen Küchenmädchen habe ich nie ‹ein Verhältnis› gehabt. ‹Sonn'naufgang› ? Was heißt'nn das schon ? ! Einer steht aufrecht, wie ein Wacholder; drei Wolkendamen liegen, in grauen schicken Mänteln, flach, (der Einen läuft's hinten rot raus, brrr !). Ȼewiß, sie gibt Licht, und vermindert die Zahlungen an den Stromversorgungsverband Osthannover und die Kohlenhändler; aber damit ist es auch gut. – Wogegen der Mond ..... [III,4,30]

: »Im Innern der Gestirne sollen Temperaturen von Millionen Graden ‹herrschen›.« sagte ich, um die Befangenheit galant zu überbrücken. »Das muß sehr unangenehm sein,« murmelte der Gestreifte träge; (und die beiden Andern kicherten; geschieht mir recht. – Oder auch nicht : Einer muß schließlich in solchen Fällen das Opfer des Intellekts bringen.) [I,3,284]

Der Mond, ohfahl & weiß wie ein Eulenei, ließ nur wenig Sterne neben sich aufkommen. (Zwischen denen also keinerlei, auch nur geistige, Verbindung mehr war : sehr erfreulich ! Ich bin gegen ‹Verbindungen›.) 'ch hatte ma gelesen – wenn ich nich irre, soga bei einem von den Katholen finanziertn Astro=Nom' – daß es Einzelgänger=Sonnen im Raume geben solle, die sich lebenslänglich in den herrlichen Öden zwischen den Galaxien aufhalten sollen; (die ‹Menschenverächter› unter Denen, sprechen demnach vom ‹Galaxien=Pöbl› !) : da sähe man also, (vorausgesetzt, Einem würde Dasglück), *nur* Mond & einpaar Planetn. In einer schmal'n, zellofan=imaginären Bande; meinethalbm 'n Paa davon farbich, an Der=Ihrem Himmel verteilt. Kein Wort von ‹Sternbildern›; wie sie bey=uns, backfischdürr & schpizzbibbernd, abmz an sämtlichen Horizontn hokkn; (‹un=abgetrocknet› fiel mir noch ein, schternbadeanschtaltich : da müßte's arg schön sein, auf so einem SITARA ! [I,3,512]

Tierra del Fuego : Jung-Darwin reist nach Feuerland. – Muß schön sein : weite dichte kalte Regenwälder. Wildes Licht aus endlosen Wolkenwerken. Meer und harte Berghäupter. Keine Menschen und Schlangen : schön ! (Tropische Urwälder wären mir widerlich. Ich bin für kalte endloslichte Forste. Die des nördlichen Kanada möcht ich mal sehen. Und eben die von Feuerland.) [I,1,317]

(Bergländer liebe ich nicht : nicht den breiigen Dialekt ihrer Bewohner, nicht die zahllos gewölbte Erde, Bodenbarock. Meine Landschaft muß eben sein, flach, meilenweit, verheidet, Wald, Wiese, Nebel, schweigsam). [I,1,307]

An den Küsten Norwegens kann man Walfische beobachten, die wie toll aus dem Wasser emporschnellen : an ihren Brüsten hängen dann Haie, die paarweise schwimmen, und denen Walfischbrüste die höchste Delikatesse bedeuten. Sie beißen sich fest; und lassen nicht ab, bis das ganze weiche Organ aus seinem tiefsten Sitz herausgenagt ist – das kann Tage & Nächte dauern; so lange springt eben das gepeinigte Riesentier aus der Flut : bis=der=Tod=es=erlöst ! – *(Eisig)* : Und siehe : es war Alles gut .....

Übergehen wir jenes ruchlose Wort – seine weitere Diskussion könnte zu, der Democrazia Cristiana und ihrer sogenannten ‹weltanschaulichen Grundlage› wenig günstigen, Überlegungen Anlaß geben : um mit einer ‹Welt=Anschauung› renommieren zu können, muß man, der Name sagt es, sich die Welt angeschaut haben !

Und selbst das ist wertlos, wenn es geschah, mit Scheuklappen um das Haupt, und durch eine rosa Brille mit Goldrand : die edle Schönheit & Ordnung in den Werken Gottes hat nur zu oft ihren Grund in der edlen Kurzsichtigkeit Dessen, der sie bestaunt.

Halten wir – angesichts eines Universums, das zumindest zur Hälfte Affenhaus ist und Folterkammer ! – halten wir, unbekümmert um christoid=hilflose Erklärungsversuche, und ob auch Reader's Digest andächtelt : ‹We can but bow› – halten wir das Eine fest : es stimmt hier etwas nicht ! [II,2,197]

A&O : »Ja; die Frage nach dem Ursprung des Bösen in der Welt, iss mir schon recht früh komisch erschien'n – ich meine immer mehr, der ›Ursprung des Guten‹ sei das weit rätselhaftere.«; (ernsthaft) : »Aber es wird ein Krieg kommen, danach Menschen gebraucht werdn=werdn : die ohne Häuser leben können, und aus Teichen trink'n; die nackt gehen, und keine Bücher mehr kennen (mögen); die der Schuhe nicht bedürf'n im wildn und ungebahntn Lande, im dürren und finstern Lande, im Lande da Niemand wandelt noch kein Mensch wohnet – : das *könnten* Solche sein. (Freilich : ›überlebm‹ kann man nicht mit bloßem Realismus; sondern nur mit ›phantastischem Realismus‹.) Alle diese Gruppm – Beatniks; Hippies mit ihr'n Unter-Sektn; Communardn; extreme TerrorGrüppchen; etcetera – sind Anzeichen einer Desintegration der Welt an den Rändern – vielleicht sogar ›von den Rändern her‹; ähnlich wie einst, um 13-1500, die Begharden, Lollharden, Brüder vom freien (oder sonstijn) Geist; die Wiedertäufer zu Münster (und anderswo).« (Er verstummt; und starrt in die AnthroPos(s)en.) [IV,3,130]

Hätte ich von den Göttern 3 Wünsche frei, so wäre einer davon, sofort die Erde von der Menschheit zu befreien. Auch von den Tieren (sind auch schon zu böse). Die Pflanzen noch besser (außer den Insektenfressern) – Der Wind wird stärker. [I,1,19]

Gegen Mittag tobte eine grell gelb und braun geflammte Hornisse durchs Gitterfenster, schwang sich bogig wild und sinnlos : kleinfingerlang war das Unwesen ! (Hab sie bald totgeschlagen; hinter ihr her gegangen, kalt und lauernd wie ein Schicksal.) Ich hasse Insekten mit einem Urhaß; als Kind hat es mich manchmal vor Wut geschüttelt, wenn ich junis im Hain ging, still stand, und oben in den duldenden Baumkronen das flüsternde Gefräß von Chiliaden Wurmkiefern hörte, es schlich, bohrte, sägte, saugte; Wespen stießen biegsame Klingen in bäumende Raupenleiber : dann schmatzte Wurm in Wurm. Als Knaben zogen wir tief aus den Riffen vorm Hafen Lakydon einen schwarzen Fisch, der war nur ein schwimmendes Raffmaul, zahnumstarrt. Seitdem weiß ich : Güte ist ein Widernatürliches, Widergöttliches (auch Widermenschliches wohl : ein ligurischer Söldner erzählte mir mal, oben, im Norden, wären Völker, die schnitten gefangenen Feinden beiderseits am Rückgrat herunter die Rippenspangen durch und rissen dann den noch Lebenden die Lungenflügel raus; ‹den Blutaar ritzen› nennen sie das ! – Und denkt ja nicht, das wäre nur im Norden so. Menschen und Götter können sich die Hand reichen; sind einander würdig.). [I,1,60]

Wir haben eine fette Milliarde Jahre hindurch in so manchen TierVerkleidungen auf Erden gelebt, und sind nicht gut geworden – : vielleicht *sollen* Wir nicht gut sein ?

[IV,4,21]

Mit wütend=flachen Händen die Bremsen an sich breitklatschen : Arme, Bauch, Brust, »Ach=Scheiß ‹frisches Oberhemd› !«, (die Hoden kloppt man sich noch platt wegen den Mistviechern ! Na egal; taugten ohnehin nich mehr viel.) [I,3,340]

Ameisen in der Stube ! : Hinter dem Bücherregal quollen sie zu Hunderten aus der Scheuerleiste. Gerda kehrte sie auf die breite graue Blechschaufel, und ich blies dünne Nebel aus DDT. (Schade. Sind kluge Kerls. Viele Morde und Katastrophen : wie werden die den Leviathan – d.h.

mich ! – anklagen; drohend, verzweifelnd, die Antennen schütteln, mit sechs Füßen Trotz stampfen und Heldenmut. Und mein Quermaul blies unablässig Gift und Tod. Hasten und Flüchten, zahllos gelenkig, gliedsam entrinnich).

Auch wir Menschen müßten geköpft werden : ganz schnell, ehe uns Alter oder Siechtum quälen, ganz sachlich, ohne Übergang. Im Schlaf. Oder am Waldrand, wenn man zum Bahnhof geht, von vier Verkappten überfallen werden, unters Gerüst gezerrt : Kapp ! !

Eine rannte noch, Einsame, zwischen Bretterklüften: den Schuh drauf ! (So will ich auch mal sterben: finster rennend zwischen Baumkörpern, Krautbeschauer, Beerenhündlein : und den Zehnzentnermeteor drauf ! : Stich Flamme, preß Kopp. Sela (wohl hebräisch für ‹that's it›)).

[I,1,316]

Brehm : von dessen 13 Bänden hat mich immer am meisten interessiert der Band »Fische«. Danach die »Niederen Tiere«. (Am scheußlichsten stets »Insekten«).

[I,1,317]

Ich war immer ein Fischfreund (und da stock'ich schon wieder : ist man ein ‹Freund› dessen, was man auffrißt ?)

[I,2,305]

(Je älter man wird, desto widerlicher : so stinkig hab ich doch früher nich geschissen ! Brauen heben und bekümmert den Gedanken wegschütteln). [I,2,50]

Erich mußte natürlich laut fortzen, »Vorsicht : Feind hört mit !« (und es rasselte noch aus ihm, endlos, wie ne nasse Kette). – »Leiden eigentlich Wale an Blähungen ?« (mit der Gargantualust des Volkes an physischer Großleistung). »Na Du kannst doch ooch nich klagen !« schlug ich vor; und er kicherte stolz. (Aber unter uns : ich wußte's tatsächlich nicht, ob Fische überhaupt. Im Brehm stand natürlich nichts drüber; ma'n Spezialisten fragen. – Aber ein finsteres Bild war's schon : 1000 Meter tief der blaugefühllose Riese, und die zimmergroße Gasblase wriggelt hoch !). [I,1,406]

Die Nähe lag in klaren Gewitterfarben : seltsam verstelltes bewegtes Hellgrün, tropfenflink : und unten spielten sie wieder Fußball; hübsch leuchteten die bunten Jerseys : rosa und weiß; und kobaltblau und gelb. (Vielleicht hat Fußball doch einen Sinn : als Belebung der Landschaft ?) [I,1,169]

Einmal erzählte Weber, wie sie mit ihrem Auto (aha, das sollte also erwähnt werden !) an einen Baum gefahren seien, und sein breiter Kopf wandte sich langsam hin und rüber. »Ist dem Baum was passiert ?« fragte ich mechanisch, und sie lachten und hielten's für n Witz. [I,1,272]

Das Leben ist so fürchterlich, die Wirklichkeit so absurd, daß uns schließlich nur der 1 tapfere Grundsatz der Schuldlosen bleibt :

Das Erforschliche fleißig erforschen;
das Unerforschliche ruhig veralbern !

[II,3,63]

Gott und die Seinen

Ich ? : Atheist, allerdings ! : Wie jeder anständige Mensch ! [I,1,418]

Ich disputiere nie mit Frommen. [I,1,39]

(Ein Gott möchte ich gar nicht sein : viel zu langweilig, so zuerst. N Halbgott, das ja !). [I,1,343]

Ein Buchtitel fiel mir ein : »Hör mal !« = Gespräche mit Gott. [I,1,118]

Ich würde GOtt prinzipiell mit ‹Sie› anreden; ich duz' mich nich mit Jedem. [I,3,457]

(Mein Vater war zweimal in seinem Leben in der Kirche : als er getauft wurde, und 1926 beim Platzregen.) [I,1,278]

Keine Kinder haben : Ausdruck äußersten Protestes gegen Gottunddiewelt. [I,2,86]

Skatredensarten (hatte ein Bier getrunken) : sind die eigentlich mal gesammelt worden, von »Hosen runter« beim Null-ouvert, bis zum »Mann mit der langen Eichel« ? Wär doch ne Doktorarbeit für n »Volkskundler«, die scheuen ja vor nichts zurück. (Aber worüber sonst auch nachdenken ? ! Tod ? Gott ? : ach, du lieber Gott ! Selbst der schönste Abendhimmel überm Ostermoor bleibt nicht : wie sollte ich Stinkbombe denn ewig sein wollen ? ! Eingebildetes Christenvolk !) [I,1,319]

»Ich finde den Gedanken an den Tod viel tröstlicher, als den an ein ewiges Leben« sagte ich; und sie nickte, zutiefst überzeugt : wenn man zweimal Krieg mitgemacht hat, plus Flüchtling, plus Inflation – – der lange Mund glitt ihr verächtlich im Gesicht herum : Nee ! Ewiges Leben ist nichts für Jahrgang Firrzn. [I,4,52]

Ich rieb mir garstig die Hände : die Menschheit müßte mal aus Protest gegen Gott beschließen, am 15. November 1955, abends 18 Uhr 10, geschlossen Selbstmord zu begehen (s giebt ja bestimmt schon Mittel, womit das direkt Spaaß macht !) : »Beim Gongschlag : – noch 5 Sekunden : – – : ! ! !« (Dann soll er sein' Dreck alleene machen, was ? !). (Und danach würde sich rausstellen, daß es bloß die 1 Million doowe Idealisten getan hat : die Andern würden witzig wiehernd weiter pfuschen. Also auch keine Lösung !). [I,2,136]

Auch die Allmacht sollte ihre Grenzn habm; und wären's nur diejenijn, die ihr die (sie vielleicht begleitnde) Allweisheit eigntlich setzn müßde. [IV,3,42]

Die Sonne ? ! : ein Wahnsinniger fuhrwerkte da oben mit seinen brüllenden Schmelzflüssen herum ! (Und wir Anständigen nennens noch »Sterne« und besingen wohlerzogen den Nebelglanz des Höllensamens !). Ich spuckte dieser Sonne ins fleckige Gesicht, trat hackig-hastig die Erde, und zerriß mir die Knopflöcher über der Brust, daß Schweiß und kümmerliche Haare unter mir sichtbar wurden. Ich hackte die Handkante in eine Astgabel : der verfluchte Lorbas da oben ! : Sieht angeblich Alles, hört und riecht Alles – herzliches Beileid nebenbei ! – und läßt wieder einen Krieg starten ! (hat ihn folglich in seine vorgebliche Weltplanung mit aufgenommen ? !) [I,1,365]

Um das Wesen des besagten Dämons zu beurteilen, müssen wir uns außer uns und in uns umsehen. Wir selbst sind ja ein Teil von ihm : was muß also Er erst für ein Satan sein ? ! Und die Welt gar schön und wohleingerichtet finden, kann wohl nur der Herr von Leibniz, der nicht genug bewundern mag, daß die Erdachse so weise schief steht, oder Matthias Claudius, der den ganzen Tag vor christlicher Freude sich wälzen und schreien wollte, und andere geistige Schwyzer. Diese Welt ist etwas, das besser nicht wäre; wer anders sagt, der lügt ! Denken Sie an die Weltmechanismen : Fressen und Geilheit. Wuchern und Ersticken. [I,1,48]

Ich war so haß-voll, daß ich die Flinte ansetzte, in den Himmel hielt : und klaffte sein Leviathansmaul über zehntausend Spiralnebel : ich spränge den Hund an !
[I,1,224]

Wenn auch vielleicht vor sonst nichts, vor dem einen bin ich sicher : anfällig für Heilige Bücher genannt zu werden.

Aber man verstehe mich recht. Ich weiß sie alle sehr wohl zu würdigen – die feurigen Bässe des Koran; das in=alls=geduldige Weisheitsgewäsche Gautamas; das große Kompendium jüdischer Kulturgeschichte, das man das ALTE TESTAMENT nennt – aber ich weigere mich standhaft, mit irgendeinem derselben das Wort ‹WAHRHEIT› in Verbindung zu bringen : Wer sich einbildet, im Besitz der Wahrheit zu sein, der hat sie in eben dem Augenblick verloren. Wahrheit ist nichts für uns. Nichts mißlicher, als irgendeine 5%=Klausel des Geistes, und nichts lächerlicher, als wenn ein Profet den andern ‹Schwärmer› schilt; keine ‹Kirche›, sondern grundsätzlich Kirch*en*; keine ‹Heilige Schrift›; wohl aber zahlreiche Heilige Schrift*en*. Also ein – wenn man will, resignierter; meiner Erfahrung nach jedoch recht wohltuender – Agnostizismus als Grundlage; dabei jedoch unermüdlich Jagd auf die eigenen Irrtümer und Wissenslücken machen; und ansonsten eben fleißig arbeiten. [III,4,65]

Wiederum Erich, alter Sozi : »Was würdn wa denn heute sagn, wenn der Junge vom Tischler-Josef drüben, eben issa aus der Volksschule, uns über Gottundewelt belehren wollte ? Der hat doch nischt gelernt ! Kann keene Sprachen, hält de Erde fürn Fannkuchen, weeß bloß Kreisklatsch. Kunst und Wissenschaft, Mattematiek, oder wie die Brüder alle heeßen : keene Ahnung ! Gelebt oder n Beruf ausgeübt hat er ooch nich, also ooch keene menschliche Erfahrung weiter; nischt durchgemacht –« (ein großer Schluck Bier) : »was hat Der mir groß zu sagen ? !«. [I,1,432]

»Wer die Wahrheit liebt, muß Gott hassen – beruht natürlich auf Gegenseitigkeit. / Für solche Herren sind ganz andere Sächelchen maaßgebend : etwa, was der ‹scharfsinnige› Augustinus, der ‹große› Kosmas, oder gar ‹Jesus selbst› gesagt hat – von Ptolemaios wissen sie so viel, als hätte er 100 Jahre nach ihnen gelebt ! / Wenn ich nur die Mathematik auf meiner Seite habe, lasse ich dem Gegner gern Kirche, Patres und beide Testamente ! Ja : auch sämtliche Apokryphen und Antilegomena, einschließlich Nikodemus und dem Hirten des Hermas ! / Durch das Gebet wird nicht Gott beeinflußt, sondern der Betende : Jeder giebt sich die Spritze, die er braucht. / Wann s besser werden wird ? ! : Wenn alle Menschen bis 20 in die Schule müssen, und der Religionsunterricht wegfällt ! «

[I,1,482]

Eyn schön alt maulaufreißend Wort, zugegeben; aber : »‹Wahrheit› – Was ist das ?«

Denn ich weiß es wirklich nicht. Mir kommt schon seit Jahrzehnten der Mensch wie eine Tierart mehr vor, (gar nicht erniedrigend gemeint; sondern ganz schlicht im Sinne einer biologischen Zurechtrückung der Tatbestände); ausgerüstet mit nicht übermäßig bewundernswerten Sinnesorganen zum Behuf des Broterwerbs; mit einem Gehirn, das sich den Raum auf 3 Dimensionen vereinfacht, während jeder bessere Mathematiker oder Astronom mir, ohne sich zu überanstrengen, nachweisen kann, daß er zumindest 4, vermutlich noch mehr, hat, sodaß also unsere simpelsten Sinneswahrnehmungen von vornherein nicht direkt ‹falsch›, aber nur eine Art Annäherung an die Wirklichkeit sein können. Nein : ‹Wahrheit› ist nichts für uns; und Diejenigen, die behaupten, sie wüßten mehr davon, Die wissen am allerwenigsten (womit, ganz Recht, unter anderem sämtliche Religionen gemeint sind;

sowie Alles, was sonst noch am Unendlichkeitsfimmel laboriert). [III,4,234]

Einen fleißigen Clown halte ich, im Vergleich zum Priester, für den beträchtlich interessanteren, auch tiefsinnigeren, (ja ehrwürdigeren !) Typ. [III,4,361]

(Nebenan, auf dem kleinen Platz, moderner Jahrmarkt : Einer ließ sich Luftgewehrbolzen in die nackte Brust schießen : patsch ! – : und ergriff den bunten Federbusch; und zog sich eine Hauttüte lang und spitz heraus : christlich=abendländische Kultur !) [I,2,57]

Die Orgel brummte begütigend aus der Kirche, kuhwarm, das alte bewährte Christentum mit Doppelsohle und mehr geistigem Rindsleder als eben nötig wäre : »Christlich-Abendländische Kultur ! ?« Wenns Denen nach gegangen wäre, hielten wir heute noch die Erde für ne Scheibe mit Rom oder Jerusalem in der Mitte : aus Kant und Schopenhauer hätten sie n Scheiterhaufen gemacht, dann tüchtig Goethe und Wieland druff, und mit Darwin und Nietzsche angezündet ! »Neenee, Katrin : Christentum hat mit Kultur nischt zu tun !« (Ich stamme allerdings aus einem Geschlecht, in dem für ‹verpappt› galt, wer Weihnachten in die Kirche ging). Sind Pfarrer gebildete Leute ? »Wie kommst Du denn da drauf ?« fragte ich verblüfft : »nennst Du das Bildung, wenn Einer statt Gott auch Deus, Theos und Elohim sagen kann ? Denn darauf läufts ja hinaus.« (Laß nur gut sein : die Furcht des Herrn hemmt der Weisheit Anfang). [I,1,282]

Es ist nichts so absurd, daß Gläubige es nicht glaubten. Oder Beamte täten. [I,1,284]

Kirchengeräusche : das heißt Glocken, Gesang, Gemeinschaftsgemurmel : ich zog den Bogen weit (um die Gemeinschaft). [I,1,345]

Modernes Gebetbuch: »In Flugzeugnöten zu singen«; »Gebet mit m besoffenen Chauffeur«; »Herr, laß die U-Bahn mich erreichen«. Ich kann nischt für meine Natur: bei so was fangen gewisse Organe in mir an zu zucken, und ich erzählte ihr gleich von »The Book Of Mormon«, welches im Jahre 420 schon wußte, daß John Smith aus Vermont es am 22. 9. 1823 auffinden würde.

[I,1,284]

Die alte Kirche ? ? – Wissenschaftlich=angeekelt den Turm betrachten : schon mit bloßem Auge sah man, daß der Diagonalenschnittpunkt seines Grundrißrechtecks und die Projektion der Helmstange von oben, garantiert nicht zusammenfielen : kein Verlaß auf kirchliche Einrichtungen ! (Wie jeder Landmesser freiwillig bestätigen wird : kein Geodät mit gesunden Sinnen wählt, solange noch was anderes da ist, Kirchtürme als Dreieckspunkte ! Abgesehen von Umbauten und Reparaturen (die ein späteres, immer wieder nötig werdendes Wiederauffinden erschweren) und den pendelartigen akuten Böenschwankungen : versuchen *Sie* mal, mit einem empfindlichen Instrument von einem Kirchturm aus einen anderen in 30 Kilometern Entfernung anzuvisieren : Sie denken, Sie sitzen in ner Schaukel ! Also abgesehen davon, erleiden die meisten Dachstühle beträchtliche säkulare Verformungen; durch Austrocknung und regelmäßig=einseitige Sonnenbestrahlung; Regenschlag und beharrlichen Druck aus der Hauptwindrichtung : schon deswegen also wäre Atheismus begründet ! – Und ich pilgerte ehrbar weiter : der Wissende hat viel zu leiden !). [I,2,73]

Die Hierarchie der drei christlichen Großbekenntnisse (und der zahllosen kleinen dazu) zehrt immer noch borniert von jener unzureichenden Begründung, die vor 2000 Jahren dem geistigen Mittelstande gerade noch angemessen war. Seitdem wird mit der wachsenden Erkenntnis in jedem Jahrhundert und jedem Einzelnen der Unwille immer größer, über den unheilvollen Riß zwischen der anerkannten Notwendigkeit gütiger Menschenliebe, und jener unentwegten schamanenhaften Begründung dafür : ein Dritteil der Schuld an unserer verzweifelten geistigen Gesamtsituation trägt dieser, die Meisten noch beunruhigende Widerspruch, der edle Menschen sogar soweit gebracht hat, daß sie in gequältem Zorn dann selbst die Liebe verleumdeten. Es ist doch wirklich an der Zeit, die christliche Mythologie mit all ihren Göttern, Halbgöttern, Sehern, Himmeln und Höllen (und natürlich auch die irdischen Dekorationen, Maschinerien und kostümierten Statisten !) dahin abzustellen, wohin sie historisch und wertmäßig gehört, nämlich in die Nähe der römischen und griechischen, etc. : dann wird es ruhiger werden in und um uns. – [I,1,379]

Wenn man schon mit Gottes=Hypothesen arbeiten will, dann ist Polytheismus weit ‹plausibler› als Monotheismus. Da von ‹Weisheit› in unserem KZ=reichen Dasein wenig die Rede sein kann, tja : da werden's dann wohl eben Zauberer & Hexen sein. [II,2,313]

Mensch und Menschheit

Besonders kluge Tiere, und die im Durchschnitt 10 bis 20 Tausend Tage alt werden, bildeten sich, in Selbst=Konkurrenz, kurios immer weiter; nunmehr, im Jahre Neunzehnhundert Strichundsechzig, sind ihre Wohnsiedelungen groß wie Inseln geworden; kein Krake ist mehr vor ihnen sicher, und kein Stern. Einzelne davon erfinden bereits, rührend tapfer, Wissenschaftchen & Künstlein, winzige nacaratfarbene Pünktchen in einem üblen grau=grünen Neutrum; die Meisten freilich müssen, (und man kann es ihnen, wie gesagt, nicht krumm nehmen), hauptsächlich auf Frische, möglichst belegte, Semmeln erpicht sein – die knirschen noch genau so angenehm zwischen den Zähnen, (und wenn's falsche sind), wie weiland im Groß=Perm ! Sie zucken die weißen (oder gelb=braunen) Achseln; sie arbeiten; sie haben Lust= & Mordgedanken; und lassen sich von der Erde um die Sonne kutschieren. [III,4,108]

Und 'ne merkwürdige Ecke ist das ja : heute früh lag hinten, mitten im Waldgras – wo gestern Abend noch nichts gewesen war ! – eine Kugel von einem Fuß Durchmesser. Gelb; pampig=schuppig; als Otje mit'm Stock darauf schlug, wuppte es büchsen, und stieß dann eine flache, matt=giftgrüne Rundum=Staubwolke aus : »'n Bovist ! – Jung sollen sie eßbar sein.« Aber Otje, massiv=verächtlich : »‹Eßbar› bist letzten Endes auch=Du. – Falls De nich zu sehr nach Bock schmeckst.« [I,3,345]

Während ich seine Pferdefratze so betrachtete, entstand in mir tief=innen irgendwie der Wunsch nach ‹Sauerbraten› & Kartoffelklößen ‹auf thüringische Art› – was man denkt, ist tatsächlich völlig irrelevant. [I,3,345]

Es gibt Menschen – moralische Abnormitäten, und ihre Anzahl ist größer, als man annimmt – die man nur beschreiben, nicht mehr verstehen kann : so sah ich einmal Einen, der las bei seinem Wiener Schnitzel und mashed potatoes, mit Einlaufsuppe vor- und Flammeri hinterher, eine ganze Stunde lang in Dostojewskis Totenhaus, und nachdenklich : – freilich war es ein leitender Angestellter der Textilbranche ... [I,1,171]

»Rufen Sie sich doch das Bild der Menschheit zurück ! Kultur ! ? : ein Kulturträger war jeder Tausendste; ein Kulturerzeuger jeder Hunderttausendste ! : Moralität ? : Hahaha ! : Sehe jeder in sein Gewissen und sage er sei nicht längst hängensreif !« Sie nickte, sofort überzeugt. »Boxen, Fußball, Toto : da rannten die Beine ! – In Waffen ganz groß !« – »Was waren die Ideale eines Jungen : Rennfahrer, General, Sprinterweltmeister. Eines Mädchens : Filmstar, Mode‹schöpferin›. Der Männer : Haremsbesitzer und Direktor. Der Frau : Auto, Elektroküche, der Titel ‹gnädige Frau›. Der Greise : Staatsmann –« Die Luft ging mir aus. [I,1,244]

Ich weigere mich, einmal mehr auf dem Thema ‹Atombombe› herumzureiten : die Konsequenzen für uns, die erste der Strahlung ausgesetzte Generation, könnten durchaus segensreich sein ! Denn wir wissen noch gar nicht, ob nicht – etwa durch Nova=ähnliche Explosionen der Sonne verursacht – die Entstehung der Spezies Mensch, der entscheidende Mutationssprung, ähnlichen Bestrahlungen zu verdanken war : *Ich* hätte nichts dagegen, wenn ich vier Arme hätte ! Oder nur ein geflügelter Kopf wäre, durch Rhododendronbuketts gaukelnd : alle Hypo=Chondrieen entfallen; Sperma wird durch Zungenkuß übertragen; Exkremente gasig durch dic Nase ausgeblasen (schwefelfarbene Kote blieben uns erspart); Stimmen klängen brustlos=feiner, auch höher – : *Ich* bejahe die Technik ! (Obwohl sie in Verbindung mit der Politik sogleich urböse wird : aber das liegt nicht an den Technikern !). [III,3,330]

Des Menschen Leben : das heißt vierzig Jahre Haken schlagen. Und wenn es hoch kommt (oft kommt es einem hoch ! !) sind es fünfundvierzig; und wenn es köstlich gewesen ist, dann war nur fünfzehn Jahre Krieg und bloß dreimal Inflation. [I,1,201]

Das Leben des Menschen ist kurz; wer sich betrinken will, hat keine Zeit zu verlieren ! [I,3,341]

Wartesaal Hannover : sie verfing sich vor Verlegenheit in der Drehtür. Gequält umsehen (so hockten sie aufeinander, in allen Ecken : Haupteigenschaften des Menschen : Geselligkeit, Spieltrieb, Faulheit; Geilheit; Doofheit, Grausamkeit.) Ich stand hoch und wild, mit meinem bösartigsten Gesicht : ? : ? – : »Da drüben Du.« (Frieda). Wenigstens nur 1 dicker Ganove am Tisch : »Ist hier noch frei ?«; er mußte es leider zugeben; sah uns aber gleich über die Goldbrille hinweg so anklagend an; der Notierwut nach ein Reisender (oder n Schriftsteller : vielleicht waren wir unbewußte Zeugen der Entstehung eines neuen Faust, und kamen selbst als Staffage drin vor : ‹die volle Frau, viel zu hübsch für ihren hageren Volksschullehrer›.). [I,2,140]

»Diese Hula=Reifen –« dozierte ein hochgradig Untersetzter seinem Nebenmännlein hin (dessen Gesicht sich einer, für seinen Stand ganz ungehörigen, kritischen Unterlippe erfreute) : »– die verführen zu Bewegungen des Beckens ... ! : Die Kleine von Thieß'ens=nebenan ..... : ? – : Zum Wohl !«. »Zum Wohl –« erwiderte das Nebenmännlein buchstabengetreu (und ihre Augen glinzten wie die Scheiben von Puffs in der Dämm'rung). [I,3,342]

Nur Narren oder etiolierte Ästheten sind Abstinenzler : die können nie erlebt haben, wie Schnaps bei völliger körperlicher Erschöpfung Wunder wirkt. Außerdem kann ich Menschen ohne Gelüste nicht ausstehen. – Überhaupt keine ! [I,1,222]

Der Kerl hielt, nein reckte, mir ein derart verständnisloses Ohr her – kurze=weiße Härchen wuchsen ihm in der Fleischtute; auch das noch ! – und verzog den Mund so abscheulich fragend, daß Einem nur die arme Frau leid tun konnte, die dergleichen flämisches Antlitz allmorgendlich auf dem Kopfkissen neben sich erblicken mußte. [I,3,347] ('ne Krawatte hatte der Arme um, wie der Rand eines Luftpostbriefes ! Aber er konnte ja nichts dafür; die suchte die Frau aus; er sah gar nicht weiter hin) [I,3,296]

ER mit jener für öffentliche Ämter so unschätzbaren würdevollen Fadheit und leeren Ernsthaftigkeit, (dabei so doof, daß er nicht mal in der Hölle Eiskrem verkaufen könnte, wenn er selbstständig sein müßte !); SIE von der Sorte, die auf Camping=Plätzen gleich Blümchen vors Zelt pflanzt und einen Tannenzapfen daneben legt.)

[I,4,130]

Und die Dame war aus dem Osten; hatte an der Oder ein Häuschen besessen (wie die meisten Flüchtlinge; ganz selten hört man von Einem, daß er zur Miete gewohnt habe); und erzählte länger von Schlesien und seinem uralt=deutschen Boden, als ihr nach den ungeschriebenen Gesetzen einer Schnellzugnacht zukam. Also unterbrach ich sie, als sie zum zweitenmal den ‹Breslauer Ring› beschreiben wollte, mit der Frage nach der Provenienz dieses Wortes. »Nu, Ring, Ring« sagte sie ungnädig, und zeichnete einen mit dem Finger vor ihre seidengrau überspannte Brust : »Der Platz eben; ums Rathaus rum.« »So viel ich weiß, kommt das aber vom polnischen ‹Rynek›« wandte ich verbindlich ein : »das heißt nämlich ‹Markt›«.

Sie setzte die Zähne aufeinander und atmete schwer aus; es klang wie »Du Kabire !«. »Selbst wenn – was ich bezweifle – es so sein *sollte*« sagte sie giftig : »wäre es bei der augenblicklichen politischen Lage völlig unangebracht, das zu wissen.« »Sehr richtig !« versetzte prompt ein so furchtbarer Baß, daß ich vorsichtshalber die Abteiltür ein Stückchen aufschob. Auch für den Rest der Fahrt zu schweigen beschloß; einsam wie ein Kätzchen im leeren Waschkessel, mit dem Deckel drauf. Aber sie rettete mich selbst, als ihr Blick zufällig aus dem Fenster fiel : »Also wie ein Feenpalast !«. Die Fabrik war nämlich schon jetzt, um halb Sechs, über und über erleuchtet, sah aus ihrer ernsten Front hundertäugig in die Winternacht, und ich dachte – dachte : ich mußte ja vorsichtig sein ! – wie es wohl in einem Kopf aussehen möge, dem beim Anblick eines Textilwerkes das Wort ‹Feenpalast› einfiel : so eine darf nun auch wählen ! [I,4,121]

Drinnen : »Ein Beutel Wanniel' bitte !« (Das ist die *ganz* vornehme Sorte, der das korrekt spanische ‹Vanilje› zu plebejisch klingt; dieselben, die Hoffmanns Freund prinzipiell ‹Dewriäng› ausnäseln, anstatt des ehrlich=holländischen ‹de Vrient›; so Geheimratswitwen oder Direktorsgattinnen. Und dann kriegte sie ihr Tütchen Bourbonvanille, $C_8H_8O_3$, und würde Männe also heute einen schönen kleinen Pudding kochen, so 50 Gramm für 14 Personen : n Arbeiter iss mir am Arsch lieber, wie die im Gesicht ! Auch der Krämer machte ein paar allgemeingültige christlich=abendländische Bemerkungen, gedämpft, mit heruntergezogener Oberlippe, und konnte Einen kaum ansehn : also wahrscheinlich s Gebiß beim Schmied. »Aber gern, Frau Doktor !«). [I,2,18]

(‹Dr. Mellbrügge› : diese reichen Luder können nich genug kriegen : sogar die Konsonanten im Namen müssen möglichst alle doppelt sein !). [I,2,17]

Dann kam Bauer; lächelte überlegen, als er das Stück Grüntrikot um meine Backe sah (und der Hals wurde immer schlimmer; ich kann kaum noch schlingen und sprechen !); und er säuselte im Wind :

»Kein Wort gegen Jean Paul, Mensch !« sagte ich mühsam; er sah mich pikiert an : »Warum nennen Sie mich Mensch – ? !« und erzwang ein vornehmes Lachen. »Weil ich Sie erinnern muß, daß wir von Geistern sprechen : er gehört einer andern Größenordnung an, als – Sie« (ich war hundsgrob : ich sagte absichtlich nicht »wir« : soll er doch bloß abhauen, und mich bei den Erinnerungen an Titan und Palingenesien allein lassen ! – Aber nichts da : er wars wohl schon gewohnt.)

Zeigte sein neues Oberhemd, weiß Gott ! und ich besah dem Blödling den zart gemusterten Ärmel : »Als wenn Aristoteles selbst es gearbeitet hätte«, mühsamte ich lobend; er erschrak des Todes : aus seinen Augen fragte es : Aristoteles ? aber ich ging erschöpft darüber hinweg. – »Wer nicht besser ist, als sein Vorgesetzter, ist kein Untergebener«. – »Zum Vorgesetzten muß man also schlecht genug sein – ?« meinte er ironisch; ich nickte so unbeteiligt, daß er ganz wütend wurde (dabei war mir heute wirklich jedes Thema wurscht !). – Große Männer : »Nur was tatkräftig ins Leben eingreift, die Welt gestaltend verändert : kann wahrhaft groß sein !« behauptete er (sah also im tätlich werden das Kriterium). »Alexander !« ausfordernd; »Ludwig Tieck« sagte ich verschwollen; »Bismarck ! !« rief er mutig; (und mein Ohr quälte mich); »Fritz Viereck« flüsterte ich : er horchte mit geriegelter gerunzelter Stirn; ging bald, kam wieder.

Pause (schön !)

»Wer war dieser« (betont) : »*Viereck !*«. »Haben Sie im Lexikon nachgesehen ?« fragte ich neugierig und kränklich neidisch; er nickte kalt und beherrscht, verbissen und fürstlich; : »Jaja – Viereck – –« sann ich, schüttelte den Kopf, abwesend, schlug unsichtbaren Mantelkragen hoch (er merkte es und ging endgültig ab) : das war der exzellenteste Rum gewesen, den ich je gekannt habe; fast göttliche Verehrung hatte der Mann unter uns genossen : Fritz Viereck, Stettin ...... [I,1,174]

Ich stehe nicht an, zu behaupten, daß, wenn man 1 deutsches Normalgehirn zu öffnen sich die Mühe machte, man, unter anderen wunderlich nicht=zusammenhängenden Bildungsbröckchen à la ‹Karl der Große / 70=71 / die alten Römer, der alte Fritz, der alte (oder junge ?) Goethe / Schneewittchen & die 7 Zwerge / das kategorische Imperfekt / das immer siegreich geschlagene Frankreich›, man unweigerlich auch Hadschi Halef Omar darin vorfinden würde : OLD SHATTERHAND AG. [III,4,55]

Wenigstens *einmal* soll es ausgesprochen werden, daß ein Satz durchaus auch deswegen richtig sein könnte, *weil* ‹Das Volk› Ärgernis daran nimmt. [III,4,311]

Neinein : ‹Das Volk› und nicht etwa nur das deutsche, ist ungebildet und versteht nichts vom Denken.

: wohlgemerkt : ich habe *kein Wort* von ‹doof›, also bildungs=*unfähig* gesagt ! [III,4,312]

Sicher schreien 99% sofort ‹LUZIFER !›, wenn's n bißchen heller wird – zu werden droht. ‹Mehr Licht› will Niemand ! Nich mal die eigne Umgebung woll'n se deutlich sehen : Wer ausspricht, daß die Welt zur Hälfte Geschtank & Schock & Irrsinn ist, kriegt eins mit'm Notstandsgesetz. Und wenn Einer redlich & künstlerisch schildert, wie'n Mensch gemacht wird, bestrafen se'hn wegen ‹Obszönität›. Und gehen anschließend hin, in'n Puff; oder beschnuppern die Sättel von Damen=Fahrrädern. [II,3,27]

Die Eine : 6 Fuß groß; weißgelb geringelt im zaundürren Wespenkleid, ‹Wie die Alten den Tod gebildet›; endlose Armstöcke, tiefbraune, knieten vor ihr auf dem Tisch; scheinbar Verlobungsring; Busen zumindest zur Zeit nicht feststellbar. Bussardig hakte die Nase aus dem Irokesenprofil; der ungefüge, fast lippenlose Mund; randlose Brillengläser ritten vor knallrunden Augen : ‹Hatschi !› (und das sah allerdings trostlos aus und wakkelsteif, wie wenn Backsteingotik nieste oder ein Hochspannungsmast). / Die Andere : klein und bauerndrall; rotgestickter Mund in talggelbem Slawengesicht; Finger lagen unordentlich um die Tasse, hell und krumm wie Hobelspäne; und aus dem fetten Vokalgemische sprudelten lustig die harten ‹r› : »Ah, Pieronje bei Gleiwitz« erkannte Erich angeregt die Nationalität. Das höllenfarbene Mädchen bog den schlanken Stielleib hinüber, Augen belichteten uns kurz, die Kleine wischelte einschlägig; und auch Erich fiel eben unnötigerweise aus der Rubrik ‹Oberschlesisches Liebesgeflüster› noch ein : »Warum nimmstu Fin-gärr ? : Nimm doch IHN !« [I,1,399]

1 der tollsten Unterhaltungen – aber das ist eine Erzählung für sich – war, als wir, an offener Tafel, in Gegenwart und hitzigster Mitwirkung der Damen, freimütig erörterten : ‹*Wo* eine Frau, vorausgesetzt, daß sie wählen könne, ihre Pickel, Warzen & Runzeln würde haben wollen ?› [I,4,139]

Schon gemeinsame Brechreize schaffen eine Art ausreichender Sympathie. [I,1,321]

Wieder heiraten ? Er sah mich fromm an : »Da wär ich ja nich wert, daß Gott mir s Weib genomm' hat !« [I,1,397]

Zweimal in der Woche kam die Reinmachefrau; (wodurch gleichzeitig das Kapitel ‹Liebe› erledigt war; die reichte massenhaft für uns Drei; im Alter handelt sich's sowieso nur noch um eine Art pornografischen Lachkabinetts.) [I,3,315]

Ach, alles Ficken ist Stückwerk! [IV,3,74]

Eltern, die immer noch Kinder in diese Welt setzen, müßten bestraft werden (d. h. finanziell : fürs erste Kind müßten sie 20 Mark monatlich zahlen, fürs zweite 150, fürs dritte 800). [I,1,117]

Schon sangen Schulkinder mit festen Stimmen ein Lied; ein Schwächling hätte gesagt : klaren; aber ich erkannte tödlich genau, wie diese erzenen Kehlen in den Pausen würden brüllen können. [I,1,119]

Zurück durch die Stadt, über angestrahlte Straßen hinweg, und Plätze, an deren Rändern helle Geschäftshöhlen lungerten : Katarakte von Hüten; schwarze Frauen knixten mit grobem Silberhaar, eine Neonröhre im Kreuz; als Herz eine Büchse Nescafé : manche hatten Federköpfe wie Vogelmenschen : eine Hexenzunft. [I,4,117]

Ein Motorradfahrer explodierte vorüber – das sind die allerschlimmsten ! – : das Papier war ihm aufgegangen, und er zeigte wütend=ergeben mit der blanken Salami die neue Richtung. Auch fuhren amerikanische LKWs viel Atommunition vorbei, und es stank unnachahmlich nach Benzin, nach Straßenschweiß, nach Niveacreme, was weiß ich. [I,4,111]

Die Nerven der Meistenvonuns würden ‹weiß & lautlos› vermutlich viel schlechter ertragen, als dantesk=aufgeregte Höllen. [I,4,136]

»Angenehm« sagte er lässig. Ende Zwanzig und schon volle Glatze; dazu jenes fatale Benehmen, wie es stets die Offiziere aller Zeiten ausgezeichnet hat. Pfui Bock. Worte, Worte; blöd, blöd : außerdem Einer von Denen, die schon mit 20 Jahren »aus Gesundheitsrücksichten« nicht rauchen oder trinken (Viele davon wandern dann sonntags seppelhosig und halsfrei nicht unter 60 km, und schätzen Holzschalen und Bauernblumen in primitiven Vasen); der hier tanzte; »leidenschaftlich«, wie ihm zu sagen beliebte : Du hast ne Ahnung von Leidenschaft ! [I,1,119]

Das Publikum : Schützenkönige mit strammen Bäuchen, gemästete oder schwangere Weiber, Kinder, die Gräser quälten und brüllten. Hassen, hasten, rasen, rasten. Man müßte weißgott immer ne Weltkarte an der Wand hängen haben, damit man Europa nur als das zerklüftete NW-Kap Asiens sich einprägte; und n Fußballfoto für christlich-abendländische Kultur, wo se anschließend den Schiedsrichter totschlagen. Es gibt eben doch Züge, die den Charakter unrettbar enthüllen und auf ewig verdächtig machen : an Befehlen oder Gehorchen Gefallen finden; Politiker sein. Andererseits gibt es Dummheiten und Irrtümer, die kompromittieren, wenn man sie *nicht* einmal beging. »Und das wären ?«. Na, zum Beispiel als junger Mensch, so bis 25, Nietzsche für n Halbgott halten; oder ‹Die Menschheit› ebensolange lieben. [I,1,283]

Schach : »Ach, ich hab 20 Jahre keine Figur mehr in Händen gehabt !« log ich die boshaftvorgeschriebene, für den Gegner in jedem Fall besonders fatale, Entschuldigung : wenn er gewann, wars nischt wert; verlor er, konnte er sich selbst nicht mehr achten ! [I,2,94]

(Dann noch Sportnachrichten; und es wurden wortreiche Schätzungen gewagt, wer demnächst am schnellsten uff m Hintern den Berg runterrutschen würde, oder so ähnlich; scheue Recht und tue nie was). [I,1,410]

Soweit ist die Fantasie, unberufen, noch intakt, daß man 60 Minuten hinter'nander die Augen zulassen und 1 Gedankenspiel anstellen kann. Manche schreien immer gleich auf : »Eingesperrt ? ! Oh das muß furchtbar sein;

das ertrüg ich keine 3 Tage!« : können demnach keine großen Geister sein, (vorausgesetzt, daß sie wirklich so denken; was man nie weiß); da wäre man in der Kriegsgefangenschaft weit gekommen, mit solchen läppischen Maximen!). [I,3,339]

Frappiert stehen bleiben? Gewiß: grashalmmäßig hochgetriebene Föhren; dahinter der fahle Mondhimmel, und – achso! – keck 10 Meter hoch hineingeschleudert in all die ‹Rasenstück›=Grafik ein halbes Dutzend Fahrrad=Reifen : Bäume mit Ohrringen halt; darob war der Ignorant so=platt? : »'ne ganz normale Belustijunk der Bauern=Jungen doch. Was dengsDe, was Die sich so langweiln? : ich hab ma geschlagene Fünfminutn lang zugekuckt, wie sich Zweie, beim Mistbreiten, den Dreck immer nach hintn, über die Köpfe weg, warfen. Aus reiner Verzweiflung; bloß damitz ma was andres war. Uff'm Lande wirsDe so. – Nenn's ‹Sürrealismus›, und komm drunter weck.« [I,3,463]

Bauer Lüders fährt mit einem Augiasfuder Mist vorbei, und grüßt freundlich : »Schöne reine Luft heute.«, (und das ist, obwohl man vor Gestank kaum Odem kriegt, keine Ironie; den Herren Landwirten ist ihre Nase völlig entbehrlich. Vielleicht sogar hinderlich.) [I,3,317]

»Sagen Sie – : wie heißt dieser Bach eigentlich?«. (Ganz langsam sprechen; wie Ausländer, die mühsam Sätze aus Sprachführern gebrauchen : so unterhalt' ich mich immer mit dem Landvolk. Das sich mit mir übrigens auch.)

[I,3,480]

Lustig=ärmliche Bauernwäldchen zu beiden Seiten; (die ließen ja nie was hochkommen, die Herren Landwirte; gab es doch auch bei uns im Dorfe noch mehr als genug, die nie 1 Gramm Kohle erstanden – »'n Fernseher haben se natürlich !« – vielmehr auf's unpflanzlich=barbarischste den Winter über einen halben Hain durch den rußigen Ofen jagten. »Die andre Hälfte dann im Sommer : Axt & Säge müßte's tatsächlich nur auf ‹Waffenschein› geben !«.) [I,3,360]

Frage : *muß* es Leute geben, die 1 vorbildlich gewachsene Einzel=Birke lediglich deswegen um=hakken, weil die nächst=brennbare 10 Traktor=Sekunden weiter steht ? Von Erlen=Gruppen ganz zu schweigen; Meisn in den grünen Haaren, ‹Schulen› von Fischchen mäusehuschen drunter=weck. Am Uferrand dürfen sich die Bauern=Menschen meinetwegn ‹in den Haaren liegen›: ‹nichtz Tierisches soll mir fremd sein: HOMO=SUMM!›). [I,3,430]

Bauern verstehen ja nichts von Natur & deren Schönheit. [I,3,338]

Man lackiere 1 Gerät giftgrün & knallroth : dann wirz dem Deutschen Bauern heilich sein. [I,3,12]

Der alte Holkenbrink, Mitte 70, noch mit dem Zeigestock in der Hand : »Ich meine Erinnerungen skreiben ?« (ich hatte's vorgeschlagen) : »O da würd ich wohl – hach : 14 Tåge zu brauchen !« : »Sagen Sie mal : ebensoviel Monate : dann komm' Sie der Sache näher !« und er staunte ungläubig, voll bejahrter Ungeduld. – Das Wet-

ter ? : »Ou nain ! Hoit früh wa sche ga kain Nebel : da s-timmpwas nich !« und wackelte mißbilligend. »Nu, vielleicht kommt der Nebel noch« sagte ich gefällig und leichtfertig; aber er sah mich s-treng und durchdringend an : verfängt bei mir nicht mehr, Alterchen ! Wer sein bissel Scheiß so ernst nimmt, ist für mich nur noch komisch !
[I,1,406]

Wenn man erst einmal über 50 ist, kann man in den frühen Nachmittagsstunden nicht mehr denken, (arbeiten, ja; das schon; das ist ein anderes). [I,4,107]

Sei es noch so unzeitgemäß und unpopulär; aber *ich* weiß, als einzige Panacee, gegen Alles, immer nur ‹Die Arbeit› zu nennen; und was speziell das anbelangt, ist unser ganzes Volk, an der Spitze natürlich die Jugend, mit nichten überarbeitet, vielmehr typisch *unter*arbeitet : ich kann das Geschwafel von der ‹40=Stunden=Woche› einfach nicht mehr hören : *meine* Woche hat immer 100 Stunden gehabt. [III,4,463]

Die 40=Stundenwoche ist ja nichts für einen denkenden Menschen; und für einen Nicht=Denkenden muß sie platterdings unerträglich sein ! [I,3,338]

Es gibt nichts asozialeres als das Volk ! [IV,2,14]

Alles was mit ›Volk‹ gebildet wird, iss ›Zweite Wahl‹ : Volks(hoch)schule, VolksAusgabe, VolksSchauspieler, VolksAktien, VolksStück ... (?) : genau wie mit ›Kunst‹, sicher : Kunsthonig, Kunstleder – alles Wind. [IV,4,43]

Verbrecher zur Strafe in Volkstrachten stecken. [IV,4,29]

Ein Rechtsanwaltsbüro ? Auch das noch ! – Daß dies feile Pack : für Geld sogleich komödiantisch wortreich; gegen Bezahlung voller Gebärden des Rechts; aus Berufsinteresse Schürer und Anstifter aller Händel : auch Mörder, Ilse Koch, Generale, Diebe, geizige alte Weiber, finden ja stets noch ihre ‹Rechts›anwälte ! Das muß man sich einmal vorhalten, um die Entbehrlichkeit dieses Standes zu erkennen : im Altertum war der Sykophant das verächtlichste Wesen. [I,1,224]

Ich würde begrüßen, wenn dic Menschheit zu Ende käme; ich habe die begründete Hoffnung, daß sie sich in – na – in 500 bis 800 Jahren restlos vernichtet haben werden; und es wird gut sein. [I,1,045]

Denn alles verkehrt sich ihnen ins Böse. Die Schrift: sie ist bestimmt, ewige Dichtungen oder Weisheit oder Erinnerungen aufzuzeichnen – sie aber schmieren Myriaden von Schundromanen und Hetzschriften. Was gerät ihnen flink aus Metallen? Schwerter und Pfeilspitzen. – Das Feuer? Schon qualmen Städte. Und auf der Agora drängen sich die Taschenspieler und Klopffechter, die Beutelschneider, Kuppler, Quacksalber und Huren. Und bestenfalls sind's noch Schwachköpfe, Gecken und hirnlose Brüller. Und jeder von all diesen ist selbstzufrieden, tut würdig, neigt sich höflich, bläht plump die Backen, schwingt die Hände, glotzt, schnattert, kräht. (Sie haben viele Worte: Lebenserfahren: ist einer, der genug kleine Schurkereien kennt. – Abgeschlossener Charakter: hat endlich alle Ideale verlernt. – Gewandtes Auftreten: frech und längst schon hängensreif.) Das sind die Kleinen; und die ‹Großen›: jeden Staatsmann, Politiker, Redner; Fürsten, Feldherrn, Offizier erwürgt auf der Stelle, ehe er Zeit und Gelegenheit findet, auf Unkosten der Menschheit den Namen des ‹Großen› zu erwerben. – Wer nur kann groß sein? Künstler und Wissenschaftler! Und sonst niemand! [I,1,19]

(Vater–)Länder und Nationen

Kurze Belustigung : ich stellte mir vor, ich sei ein berühmter Toter, und Witwe Berta führe die Leute durchs ‹Düring-Museum› in Fallingbostel : da lagen in den Schaukästen unter Glas meine Manuskripte (z.B. die Aufforderung an Finteln, endlich mal den Daumenabdruck auf seinen Personalausweis zu setzen – »sein letzter Brief. Ja.« – neben der großen noch ungedruckten Biographie Fouqués). An der Wand mein Porträt von Oskar Kokoschka mit nur einem Ohr und höchst unchristlichem Inkarnat. Eine schallende Platte, ‹Celeste Aida›, von mir geschmettert; : »Hier der Zimmermannsbleistift, mit dem er grundsätzlich unterschrieb –« (der wurde oft von Verehrern gestohlen, und lag stets wieder da, das Dutzend Eins Dreißig bei der Westfalia Werkzeug Company). Auch vor dem Haus mit Turm (= der Kirche) draußen stand ich hoch im metallenen Frack, und reckte die Hand mit vornehmem Abscheu gegen das Landratsamt aus .... »Die Stiefel, in denen er gestorben ist ... «. – »Äwas waren denn seine letzten Worte, gnädige Frau ?« (der ‹Spiegel›-Reporter mit rotem Saffianblock); – : »Ä – ‹Es lebe die Kunst – ä. – : Es lebe das Vaterland !›. Ä : Deutschland, also«. »Deutsch ... land ... : Ah; – : Danke !«. (Dabei hatte ich lediglich zehn Mal ‹Scheiße› gejappt !).

[I,1,368]

Es ist ja nicht immer ein Lob, von einem Lande zu rühmen, daß es die Wiege großer Männer gewesen sei. Dazu gehört zumindest noch der Nachweis, daß es auch ihr

Grab war; und selbst *das* wirkt wenig befriedigend, falls der verehrend zu ihnen Pilgernde immer wieder nach irgend einem Buchenwald gewiesen wird : dieses Wortspiel wird nur allzubald schwermütig=unverständlich geworden bzw. gemacht sein; ich füge deshalb jetzt schon hinzu : der Name des hier gemeinten Landes ist ‹Deutschland› ! [I,2,216]

Welcher deutsche Dichter hätte sich im Lauf seines Lebens nicht mindestens einmal mit Emigrationsplänen getragen ? ! [II,1,377]

Und gesegnet sei der Musikautomat, dem man bloß 10 Pfennig in die Seite preßt, und schon kommt aus dem Schlitz ‹HOCH=HEIDECKSBURG› raus; (oder auch, man hat da angeblich die Wahl, ‹ONWARD, CHRISTIAN SOLDIERS !› – der Unterschied ist zur Zeit ja auch nur mit bewaffnetem Ohre hörbar.) / Bei einem anderen, noch bunteren Gerät drehte dann & wann 1 Kühner roulettierend an 3 Knöpfen : auch hier sollte man, theoretisch, falls man ‹Glück› hatte, oh Glück oh Glück, etwas gewinnen können. (Merkwürdig ungewordne Nation : fleißig & stillfriedlich arbeiten mochte bei uns kaum noch Jemand; die wollten Allealle bloß irgendwie ‹gewinnen›, Toto Lotto Kwiss & Krieg, wobei man ja notorisch nur verlieren kann – ‹Wahrscheinlichkeitsrechnung› nennt sich die betreffende Wissenschaft.) [I,3,343]

Der Deutsche von 1964 will Sentimentalität & Präsentiermärsche; genau wie der von 18= und 1764. Und wer noch an Sachen wie ‹Entwicklung Zukunft Fortschritt› glaubt, dem gebührt ein Monatseinkommen von 250 Mark; und zwar brutto !) [I,3,479]

Er klemmte sich den Schlauch zwischen die mittelbraunen schmierig=bemanchesterten Beine, (und es sah wahrlich ekelhaft aus, was da lang & affendürr aus ihm herausragte, und wie wahnsinnig Wasser gab – andrerseits war's ja wie im Alptraum, von dem man, zur ewigen Warnung, gar nicht genug schauen konnte. *Jetzt wußte ich*, warum unsre Peers, unsre Grand Old Men unter sich, grundsätzlich, auch heute noch, von ‹huns› sprachen : »Ein Deutscher !«.) Es mußte mir wohl unwillkürlich halblaut entfahren sein; denn er nickte niedergeschlagen. Und da erkannte ich auch – : Der hatte lediglich die Hände frei haben wollen ! (Ja, aber da hätte er den Schlauch doch auch ..... Ins Gras legen; oder *mir* zum Halten geben ?). Jedenfalls war das Fläschchen schon wieder zwischen seinen Fingern erschienen; er fummelte. »‹n Deutscher›« wiederholte er mich : »Eener, um den man sich keen'n ‹Deut schert› : Sangt Kallam=Burgius !«. [I,3,407]

›Oh diese Deutsch'n !‹ : »Die halbe Nazion iss irre; (& die andre Hälfde nich ganz bei Groschn !) : *Ich mag sie nicht.*« [IV,2,195]

Deutschland war, künstlerisch wie wissenschaftlich, nie am übelsten dran, sobald es mehrere deutschsprachige Staaten gab. [III,4,410]

Ich hatte, vor Jahren ma, 'n katholischen Professor vom ‹Vordringen der Renaissance› dociren hören, als handle sich's dabei um Mongolenhorden – er konnte ruhig weiter schlafen : *die* Gefahr bestand in Deutschland noch lange nich ! [I,3,498]

Ein Deutscher, der nie in seinem Leben, zu gewissen Zeiten (die durchaus sehr verschieden liegen können !), Kommunist war, oder Nietzsche=gläubig : an dem ist nicht viel verloren ! [III,3,387]

Mit *meinem* Willn soll kein Mensch in diese deutsche Idiotn=Welt hineingebor'n weerdn !) [I,3,270]

Angesichts der Weltlage & solcher bundesdeutschen Zustände war ‹Schwarzsauer mit Lorbeer› ja gradezu ein symbolisches Fressen ! [I,3,500]

‹Deutsches Corned Beef› ? : Die denken sich wahrscheinlich, wenn sie Röhrengedärm und n bissel Abfallfleisch durchn'ander kochten, käm Corned Beef raus ? ! : Ihr werdt Euch noch wundern, mit ‹Deutscher Wertarbeit› ! ! [I,2,17]

Das bigotte Rheinland : selbst der Wind hat es eiliger, wenn er durch Köln kommt. [I,1,394]

Erst noch das ‹Knallert› vorbei lassen, (so nennen die Dänen ein Moped; bei uns wäre der Name ‹unmöglich›, denn wir besitzen weder Erfindungsgabe noch Humor. Unter anderem.) [I,3,282]

–. –. : Gesang ? In Niedersaxn ? ! (Wohl doch ein Irr= Tum : Frisia non kann dat.) [I,3,494]

Grüne Mützen, SA-Modell, in den Schaufenstern : ich erinnerte mich, daß ich in Niedersachsen war. [I,2,17]

Das arme Volk stirbt meist nicht *für*, sondern *durch* sein Vaterland. [II,1,323]

Kriegserinnerungen : die schnellfingrigen Polen; das flohreiche Hagenau; Norwegen mit seinen gottlosen Granitpolstern : »Haste ma wieder was von Ee'm gehört ?«; in halb Europa gab es keine Stelle, wo uns nicht Silbergeränderte zusammengebrüllt hätten. [I,1,396]

Nichts grausiger und kläglicher : als zwei Völker, die nationalhymnend aufeinander losgehen. (Der Mensch, das »hurrahschreiende Tier«; als Definition). [I,1,366]

EUGEN (ruhig) : »Du hasD die schwachen Nerven des Ungedienten : so'n paar Jahre Norwegen, plus den entsprechenden ›WachtstubenAbenteuern‹, hätten Dich a sadder and a wiser man werden lassen. Überschneite stille GarnisonsStraßen hättesDu dort freilich nicht angetroff'n; dafür aber Nebensonnen, nichts als Nebensonnen; wüste schiefe Monde über ausgespitzten Bergen – (Gebirgsenthusiasten wirsDu unter NorwegenVeteranen wenig finden) – (?) : ›heroische Landschaft‹ ? : merci, s'il vous plait ! : Norwegen iss der Arsch der Welt; und zwar ein kalter und nasser – und finsterer obendrein«; (setzt Er nach einijem Besinnen hinzu) : »eine gewisse beängstigende Erhabenheit, allenfalls – was für ›verirrte Drachen‹ villeicht – aber den Ausdruck ›Nachklänge an Ossian‹ hab' Ich von keinem Meiner Leute vernommen. – (?) : Schön; wenn Du auf ›etwelchen Vorzügen‹ bestehsD : ich habe, zugegeben, in den 3 Jahren nicht 1 Mann durch Hitzschlag verloren. Wir aßen, tranken, gingen, arbeiteten, lasen, dachten, träumten, forzten : alles wie nach der Trommel & auf Kommando; (im letztn Jahre gehörte auch noch Hungern zu den täglichen LeibesÜbungen). ›Einem weisen Mann gälten alle Orte gleich‹ hat man schon gesagt – ich glaube das nicht. Gewiß, Menschen incommodierten nicht; (wohnte ja auch der Nachbar 3 Meilchen entfernt (à 12 Kilometer jede); und ein ›Verhältnis zu den Einwohnern‹ gab es kaum; hätten sie Dich doch auch nur auf einen kalten D'Orsch mit Tyttebeeren einladen können, und Dich mit einem Trunke geschmolzenen Eises bewirten – (?) : ahja, ›fischreich‹ : das'ss das Wort !«; (Er schüttelt den Kopf) : »›Schönes Wetter‹ iss dort nie. ›Juni‹ ? : es giebt sonderbare Monate dieses Namens ... (?) : ach was !; ›baden‹ kannsDe's ganze Jahr nich; (d's Wasser kommt selbst im HöchstSommer nie über 10=11 Grad). Und regnet's nich, so windet's doch : irgend ein LuftScandal war immer, (oder ›stand bevor‹). Und dazu die SalzLuft : mich dauerte nur meine TaschnUhr; (die Geschütze rosteten 6mal so schnell wie daheim !). De Sonne immer am Horizont, rot und unschön breitgedrückt wie'n BauernHintern; vor Wind kannsDe kein Wort versteh'n – neenee : völlig entgeisterte Gegnd !« [IV,3,287]

Readers Digest, ‹Humour in the Army› (und ich zog den Mund grimmig breit) : jetzt sind die ungefähr so weit, wie wir zu Zeiten Hackländers ! Es giebt ja für den Europäer nichts Belustigenderes, als zu sehen, wie diese uns angeblich so überlegenen Amerikaner auch *den* bösgreisen Blödsinn jetzt nachlallen ! ‹Soldatenschwänke› ! : albernes Volk ! ! (Nicht, weil sie etwa noch alberner wären, als die Völker im Allgemeinen : aber weil sie sich schlauer *dünken* !). [I,2,57]

Es widerstrebt mir, primitive Völkerschaften wie USA und UDSSR in ihrer noch pubertären Nacktheit bloßzustellen – aber ab & zu können sie es getrost einmal hören : wohl gehört ‹Die Zukunft› (was immer das auch sein möge) einwandfrei ihnen; auf politischem Gebiet, in den Naturwissenschaften, schweigen wir ganz vom ‹Sport›. Aber was Geisteswissenschaften anbelangt, sind sie noch ‹hinten etwas kurz›; noch beträgt das Volumen der diesbezüglichen europäischen Leistungen ein Vielfaches von dem der beiden Genannten zusammen; hier brauchen wir noch gar nicht zu resignieren. [III,4,351]

Wer hat die Kulturwerte geschaffen ? ! Nur Griechen, Romanen, Germanen; Inder in der Philosophie. – Die Slaven sind typisch kulturlos : mein Gott : Schach und n bissel Musik ! [I,1,230]

USA-Kultur : so klein ist Niemand, daß er sich nicht zu Hause grande nennen ließe ! [I,1,233]

»Gut vermessen ? Sind auf der ganzen Erde nur : Deutschland (bin ich nu n Patriot ? !) und England; die Kleinen noch : Hollandbelgienöstreich : aus ! Die stolzen USA sollen erst noch lernen, was ne 25.000er Karte iss.« [I,1,411]

Europa, das zerklüftete Nordwestkap Asiens, möge sich doch endlich entschließen; und sich auf den Weg machen, für die Welt das zu werden, was ‹Hellas› für Europa war (und zT noch ist) : die gern & gerührt von Touristen heimgesuchte ‹Wiege der Kultur›.) [III,4,410]

Dieses Europa=Deutschland gleicht einem 60=jährigen, unklugen alten Weib; das sich die Haare burgunderrot färbt, die verschrumpelten Schenkel weit nach Westen hin auftut, und mit sich überschlagender Stimme beteuert, daß die Zukunft ihm gehöre ! (Und die Amerikaner lachen heimlich; und die Russen werden wütend. Und die Farbigen halten sich die Nasen zu.) [III,4,99]

Man vergesse doch nie, daß eben dieser Westen seit 200 Jahren seinen Namen in ganz Asien und Afrika stinkend machte. [III,3,438]

Schon bei Individuen ist es ein peinliches Schauspiel, wenn sie nicht mit Anstand alt werden können : wie viel mehr noch bei Völkern ! Solch würdelosen Anblick bot bereits Hitlers Deutschland; bietet zur Zeit wiederum, erhöht und grotesk genug, seine Sowjetzone : bietet letzten Endes Europa. Es gebe doch endlich den schon seit 100 Jahren fragwürdigen, seit 50 aber recht lächerlichen Anspruch auf Führung der Welt auf, und begnüge sich damit, seine Sprachen und alten Kulturwerte den Nachfolgern aus Ost und West so intakt wie noch möglich auszuhändigen; dann aber Industrie und Bevölkerung durch radikalste Geburtenbeschränkung auf 200 Millionen abzubauen. Europa als Hellas-Schweiz der Erde : ist Alles, wonach man billigerweise noch streben sollte; ich fürchte, wir werden nicht einmal das mehr erreichen, oder ein ruhiges Aussterben : in 20 Jahren wird mans wissen.

[I,1,178]

Die Schweizer ? : sollten lieber ihren Frauen das Stimmrecht geben ! Zustände sind das, wie in Innerafrika : und das will n besonders fortschrittliches Völkchen sein ! : sparkassenhaft zurückgeblieben sind se, dem übrigen hochgequälten Europa gegenüber ! [I,2,30]

»Die Schweizer ? : Sind geistich keine Nazjohn; sondern 1 deutsche Prowintz. Und habm folklich Prowintzial=Geschmack. – Zudem nicht am deutschen Schicksal teil genomm' : *Ich* war 68 Monate lank Soldat & Kriegsgefangener : Die solltn fein den Munt=*haltn*, und die Ohren=*aufmachn*; wenn wir Deutsche zu reden anhebm.« (Und ich warf üppich die Faust auf der Tischpladde : hin. & her.) [I,3,102]

Staat und Politik

Wo ist bloß der Staat, der sein Grundgesetz mit dem all=herrlichen Satz begönne :

‹DIE WELT IST GROSS GENUG, DASS WIR ALLE DARIN UNRECHT HABEN KÖNNEN !› ? [III,4,236]

»‹Der Staat› ? ? : Der Staat iss doch mein Feind !« erklärte sie unbefangen=erstaunt : »Der macht doch mit uns, was er will : und meist das Falsche ! Denken sich die Idioten denn, wir merkten das nich ? Hat er mein Eigentum und mich geschützt ? Bezahlt, ernährt und bekleidet er mich ausreichend ? ?« (sie spreizte die Ellenbogen als Beweis; und schüttelte, völlig durchdrungen, den schmalen Kopf) : »Nee : erst komm' die Menschen !« (Und dann ne ganze Weile gar nischt : Sehr richtig.) [I,2,72]

Ich dachte an die irrsinnigen Hetzplakate des Gauleiters Hanke in Breslau; wie er mit der schnalzenden Eloquenz des Wahnsinns die Staatsjugend aufrief : Schnee in die Flüsse und Bäche zu schaufeln, daß sie aufschwellen und die Feinde festhalten (wörtlich ! So habe ich es selbst am 8. 2. 45 im Schaufenster des Kaufmanns Schneider, Am Graben, in Greiffenberg, gelesen !) Schuppig wogendes Geström, wurmhaft empört; schön. Wie er von den abgelebten Alten forderte, sich nachts mit Bränden in die vom Feind besetzten Ortschaften zu schleichen, Flammen schleudernd, mit der hohnvollen Logik : sterben müßt ihr doch bald, also gebt den Rest eurer Tage dem Führer ! – Ich bin fest überzeugt, daß sie aus johlendem Irrwitz und kreischender Vernichtungsgier (und die Lust des Herostratos nicht vergessen !) Deutschland bis zur letzten Hundehütte in Lohe und Trümmern aufgehen lassen. [I,1,47]

Ich behalte mir jede Handlung gegen den Staat vor ! : das ist zu meiner Sicherheit als Mensch nötig! Denn der Staat vermag mich mit Gewalt zu allem anzuhalten, was seinen verantwortlich-verantwortungslosen Leitern just auszuhecken beliebt : ich dagegen habe nicht die Macht, den Staat zur Besonnenheit oder Gerechtigkeit oder Erfüllung seiner Pflichten notfalls mit Gewalt zu zwingen. Also muß ich ständig – außer dem fundamentalen Recht, den Staat ungefährdet mit all meinem Eigentum verlassen zu dürfen – Front gegen die Staatswillkür machen. [I,1,321]

Die Regierungen sind nie viel besser und nie viel schlechter, als das Volk, das ihnen gehorcht. [I,1,139]

Ich habe das Unglück, in einem Staate zu leben, in dessen Grundgesetz es steht, daß die Minderheit immer Unrecht habe. [III,4,251]

Ich protestiere gegen den hochmütigen Einwand der Regierenden, daß ich ‹von Politik nichts verstünde› ! Wer sich vergegenwärtigt, daß Staatsminister, also ‹höchste› Politiker, ohne weiteres *austauschbar* sind – daß also in aller Welt Einer, der heute Postminister war, morgen Atom= übermorgen Flüchtlings=, den nächsten Tag Verteidigungsminister sein kann (oder, deutlicher : daß alle diese Herren den Teufel etwas von ihrem Gewerbe verstehen können : welcher ehrliche Schmied würde sich zutrauen, morgen Tischlermeister zu werden ? !) – Wer, frage ich, mag noch Zutrauen haben zu der überlegenen Weisheit einer Obrigkeit, die – leider – Gewalt über ihn hat ? / Und, wenn wir über Einzelfragen wirklich nicht im Bilde sein sollten : Wer *ist* denn daran schuld, als jene Politiker, die ‹Geheimverträge› abschließen, und uns nicht informieren ? [III,3,439]

In jedem Beruf ist ein Mensch mit 65 ausrangiert; aber der Staatsmann, Senilissimus, wird scheinbar erst mit 75 so recht reif, eiskalt, total unmenschlich, greisig gräulich griesgram Gräber grimmig. [I,1,263]

(Traum von der idealen ‹Freien Wahl› – ungefähr so wie Wielands ‹Gesicht von einer Welt unschuldiger Menschen›, oder ‹Philander von Sittewald› : Jeder müßte mit 21 (bzw. 18) Jahren eine kleine historisch=geographische Prüfung bestehen (die dann alle 5 Jahre wiederholt wird); und ein Zeugnis darüber beibringen, abgestempelt von den 4 bedeutendsten Parteien (das dann am Wahltag, zusammen mit der Legitimation, vorzulegen wäre). Mit 65 erlischt das Wahlrecht unerbittlich, aktiv wie passiv : *es giebt keine Altersweisheit ! !* – 4 Wochen vor der Wahl erhält jeder Wähler von staatswegen eine Broschüre : darin stehen jeder zugelassenen Partei (Bedingung 100000 Wähler) 3 Seiten zur Verfügung, um nach Belieben ihr Programm zu entwickeln (und das der Konkurrenz zu zerpflücken). Ansonsten nichts : keine Wahlmänner, Versammlungen, Plakate, Rundfunkansprachen; der Pfarrer, der in der Kirche Andeutungen macht, erhält sofort 50 auf den nackten Hintern (von dem notorischen Dorfatheisten aufgezählt !); ebensowenig Beeinflussung durch die Gewerkschaften. – Na ja.) [I,2,98]

Die Katze ist das Sinnbild der uns möglichen (d. h. mit der Zivilisation noch zu vereinbarenden) Freiheit. (Und das ist ja einer der seltenen Fälle, wo der Singular mehr ist als der Plural : ‹Freiheiten› gewährt man den Völkern allenfalls noch; DIE FREIHEIT nimmermehr. Was aber vermutlich auch ganz richtig ist; ich komme immer mehr ‹vom Volke› ab, je älter ich werde. ‹40=Stunden=Woche›, tz ! Bei mir liegt das Minimum bei 70, und öfter werden's über 100.) [I,3,371]

Wenn die Regierungen 1 Sorte Künstler ganz besonders hassen, dann sind das die ‹Naturalisten›. Ich hatte einmal, mit diesen meinen eigenen Ohren, einen ‹führenden Politiker› in vollster Überzeugung erklären hören : ‹Kunst brauche's eigentlich gar nich zu geben› – von seinem Standpunkt aus verständlich; denn ‹Kunst› setzt ‹Beobachtung› der Umwelt voraus, diese wiederum ‹Tatsachensinn› : und *der* ist ja so ziemlich das Überflüssigste in den Augen der Regierenden; (zumindest bei den Regierten : je weitreichender die Artillerie, desto kurzsichtiger dürfen die Kanoniere sein.) [I,3,532]

Man lasse doch endlich in Regierungs= und »ihnen nahe stehenden« Kreisen die blutig=tintigen Finger von der Kunst ! Wenn nämlich Deutschlands Name in der übrigen Welt noch einigermaßen guten Klang hat, so ist das ja bekanntlich *nicht* seinen Politikern zu verdanken : im

Gegenteil ! ! Sondern einzig und allein seinen Dichtern und Denkern. Anstatt also den zahllosen Heerscharen der Abgeordneten Immunität und Staatsgehälter zu verleihen, sollte man dergleichen doch lieber den so viel bescheideneren und vor allem unschädlicheren Künstlern zuwenden. Man : die Bundesregierung. [III,3,213]

‹Intellektueller› scheint in jedem Jahrhundert 90 Jahre lang einer mittelschweren Beschimpfung gleichzukommen; wenn man Schwein hat, drückt's während 10 Jahren auch ma ne gewisse Achtung aus. Was man dann ‹Weimarer Republik› nennt. [I,3,481]

Ich wiege mich mit nichten mehr, wie zwischen 1945 und 50 – eine Zeit, die mich an die schönste, ‹freieste› meines Lebens, nämlich die Jahre der Weimarer Republik, niewiederkehrenden Angedenkens, erinnert – in der Illusion, daß es in Deutschland noch einmal gelingen könne, ein annähernd ähnliches Vierteljahrhundert herzustellen. Ich bilde mir nicht mehr ein, stellvertretend für eine auch nur einigermaßen ansehnliche Minderheit von 5% zu sprechen : meine Zeitgenossen haben mir seitdem, nicht nur durch demonstrative Nicht=Teilnahme an meinen eigenen Arbeiten, sondern vor allem durch ihre ‹Stimmabgaben› dargetan – und sie wußten es Alle, daß sie damit Dinge wie ‹Adenauer› und ‹Wiederaufrüstung› wählten – daß sie meine diesbezüglichen Ansichten nicht nur nicht teilen; sondern mehr noch : sie überhaupt nicht einmal hören wollen. Und ich bin nun immerhin auch schon fast Fünfzig; ich habe keine Zeit mehr, Geduld mit Ochsen zu haben, die sich selbst den Fleischer zum König wählen.

Daß ich, leider, ein zu guter Demokrat bin, um nicht höflich zurückzutreten, wenn ich ‹Die Mehrheit› gegen mich sehe, ist eine Schwäche, ich weiß es wohl – zurückzuführen eben auf die o.a. ‹Zwanziger Jahre› – aber ich brauche mich ihrer immerhin nicht zu schämen, wie ?

[III,4,234]

Auch das Autoradio hörte man jetzt beharrlich : ein amerikanischer Nobelpreisträger beschwor ‹unsere› Regierungen, mit Atomversuchen aufzuhören : erst in 150–200 Jahren könnte man über die biologischen Folgen ganz klar sehen. Wahrscheinlich würde sogar die durchschnittliche Lebensdauer der Menschen verkürzt ! – Andererseits kündigte Frankreich an, daß es nun auch endlich mit der Herstellung der H-Bombe beginnen *müsse* : ne Großmacht sei sich das einfach schuldig ! Wir lachten grimmiger; wir, die erste Generation, die der Strahlung ausgesetzt war; wir, funkelnagelneuer Leiden fähig. Wir, mit den Füßchen, Hacke Spitze eins zwei drei, vor kontrollierten kleinen Explosionen, die unsern Wagen anschoben : von Flensburg bis Überlingen, von Wasserbillig bis Marienborn hofft Keiner mehr ! [I,2,57]

Grete (kopfschüttlnd) : »Komisch. Wenn man Euch so grämeln hört, denkt man immer, de Welt ging übermorgn unter : kriecht doch in Eure BücherSpinde; und seid froh, daß se keen EntrüstungsMeeting veranstaltn, und Euch abschaff'n !«

A&O (ach; das'ss intressant, Du) : »Der Ausdruck findet sich näm'ich schon 1850, beim Cooper : gegn den seine liebm MitBürger ja auch dergleichn veranstaltet habm.«; (das moderne Schlagwort ist, in ganz genau demselbm Sinne, ›elitär‹; womit man bei Uns Denjenijn ›brandmarkt‹, Der nicht die bestseller (oder gar ›Sachbücher‹) des Tages mit=liest, und über die ›Memoiren‹ ausrangierter Komödiantinnen den Kopf zu schütteln wagt. Der sich keine Krimis im TV ansieht. Oder das ›WahlAlter‹ nich auf 18 runter, sondern auf 26 (oder mehr) raufzusetz'n empfiehlt. – Aber hasD schon Recht) : »Die Jugend soll hopsn & gröl'n – die Zeit, wo se Krach nicht mehr als herrlich empfindn, kommt von selber.«

GRETE : »Iss das immer so : daß Mann in der Jugnd Links=, im Alter RechtsDrall hat ?«

OLMERS (weise) : »In der Jugnd iss ›links‹ normal – einfach als Ausdruck des ›Revolutionierens‹ gegn drücknd gewordne ›Autoritäten‹. Wogegn man im Alter eingesehen hat, daß ›Zerstören‹ unverschämt viel leichter iss als ›Aufbauen‹; und man sich ergo zum ›Erhaltn‹ entschließt : *das* aber heißt, mit dem Fremdwort, ›conservativ‹ – nich ›rechts‹.« (Die ›Rechtn‹ sind *noch* ochsigere Arschlöcher, als die Linkn.) [IV,3,146]

Soldat und Uniform

‹Marschieren ist gesund›, sagt der Major; ein Artikel der ‹Süddeutschen›, also muß es wahr sein. ‹Komm zur Wehrmacht und sieh die nächste Welt !› [I,3,493]

Hinein in die Wehrmacht : 2 Jahre Latrine scheuern; ‹Hinlegen› ! ‹Auf, Marschmarsch› und dazu schreien müssen : Ich bin verrückt, bis der Kleintyrann gnädig abwinkt; Gewehrappell mit der Stecknadel; und dem Herrn Feldwebel mit 4 Mann die Streichhölzer einzeln auf der Tischplatte raufbringen, die Jener aus m 4. Stock schmeißt, fuffzichmal, bis die Schachtel leer ist : 1937 hab ichs gesehen in Sprottau, meinen Kopf dafür ! ! : O du herrliches deutsches Volk ! Und du Schule der Mannheit, Kommiss ! Aber in der Regierung sitzen ja Alles Solche, die nischt mehr mitmachen brauchen; Keiner unter 60 : was brauchen wir noch Altersheime, wo wir doch die Parlamente haben ! – Über solche Fragen dürfte Niemand mitstimmen, der nicht davon betroffen wird. [I,1,283]

(Wenn wir bloß mal wieder so weit kämen, wie im Mittelalter, wo jeder Soldat als ‹unehrlich› galt, ungefähr – und mit Recht : der »Gegner« hat ihm auch nie was getan ! – wie ne Art Henker, und jeder anständige Bürger von ihm abrückte !). [I,1,370]

‹Wehrmacht› ? : das ist etwas, was nicht zu sein braucht ! Merken Sie sich das !

‹Es ist immer so gewesen ? !› : Dann wirds ja Zeit, daß

der Unfug mal aufhört! Wozu haben wir etwas mehr Vernunft als die Tiere?

Achso Sie nicht?! – Dann allerdings!

Aber die Herren vom christlichen Gewerbe: sitzen auf Weltkirchenkonferenzen herum, etablieren sich als Päpste, halten dicke geschäftige Reden: anstatt vermittels Himmel & Hölle, Zuckerbrot & Peitsche, vor allem dafür zu sorgen, daß die Uniformen ausgezogen und die Waffen weggelegt werden! (Wenn mir Niemand anders twiddel=diddel zuruft, muß ich's ja wohl endlich selbst tun.)

[I,2,29]

Ich verachte jeden Menschen, der gern Uniform trägt.

[I,2,104]

Ich verwahre mich an dieser Stelle ausdrücklich dagegen, daß uniformierte Jungen oder befrackte Hasardeure, die ihrerseits die augenfälligsten Gebrechen mit patriotischen Lügen überkleistern, mich eines Mangels an Vaterlandsliebe bezichtigen möchten – nur weil ich nicht Ochse genug bin, mir eigenhändig den Fleischer zum König zu wählen. Wem verdankt denn Deutschland Ehrennamen wie ‹Dichter & Denker›? Seinen Ministern und Heerverderbern? Oder uns Schriftstellern? [III,3,448]

Gestern Abend »äußerte« nebenan Senatspräsident a. d. Filsch: »– unser herrlicher Bismarck! – Ich bin überzeugt: wenn er gewollt hätte, wäre er auch der größte Dichter der Deutschen geworden! –« 75 Jahre lang hat dies Fossil zufrieden gekaut, sorgfältig, geschluckt; im perlgrauen Maßanzug die unfehlbare Altersstimme mit

Anekdoten von »hohen Offizieren« und ihren Burschen (»Erbsen mit General, Herr Speck !« – »Köstlich !« –). [III,3,45]

Schmetterlinge ! (Das muß auch ein deutsches Rindvieh gewesen sein, der für die paar Kleingaukler den Hammervorschlag ‹Schmetter› erfinden konnte ! Wahrscheinlich n Wiederaufrüster.) [I,2,253]

Vor die Alternativen gestellt : ‹Wollt Ihr eine starke Wehrmacht ? Wollt Ihr die christlich=abendländisch=verantwortungsbewußte Atommacht ? !›; oder aber (und hier wird die Stimme natürlich ironisch und abfällig) : ‹Wollt Ihr ein fleißig=unbedeutendes Dasein als Kleinstaat ?› – da wählte, auch heute und künftig wieder, das deutsche Volk unweigerlich den Donnerer Thor. [III,3,499]

SA, SS, Militär, HJ undsoweiter : die Menschen sind nie lästiger, als wenn sie Soldaten spielen. (Kommt bei ihnen wohl periodisch in jedem Jahrzwanzicht, ungefähr wie Malaria, neuerdings noch schneller). Am Ende sind doch immer die Schlimmsten Meister, das heißt : Vorgesetzte, Chefs, Direktoren, Präsidenten, Generale, Minister, Kanzler. Ein anständiger Mensch schämt sich, Vorgesetzter zu sein ! [I,1,304]

Die Wahl zwischen Uniformität und Konformismus ist relativ einfach. ‹Uniform› ? : das ist etwas *Äußerliches*, etwas, das man ablegen kann – und dann steht wieder der Mensch da, nackt und ‹frei›, wie ihn der Geist will. (Und wie man Uniformen im Osten ablegt, zeigen ja mühelos die diversen – bei uns ‹undenkbaren› – ‹Aufstände› !). ‹Uniformität› ? : das ist die Kinderkrankheit der jungen prallen Völker des Ostens. Und gerade wir waren mehrfach Zeugen – und werden es noch sein ! – wie sich da Aufsässigkeit durch übertriebenes militärisches ‹Anhauchen› übertragen läßt, schlimmer als Grippe oder Tuberkulose ! : *Für Uniformierte ist noch Hoffnung !*

Aber ‹Konformismus› ? : das ist die *selbstgewollte* Uniformität in der Restauration ! Die *freiwillige* Angleichung westlich=erschöpfter, alternder, Individuen an klapperbeinig=Überlebtes. [III,3,343]

Wie jeder anständige Mensch habe auch ich eine tiefe Abneigung nicht nur gegen Gehorchen, sondern vor allem auch gegen Befehlen. [III,3,480]

Alle Politiker, alle Generäle, alle irgendwie Herrschenden oder Befehlenden sind Schufte ! Ohne Ausnahme ! Alle ! [I,1,309]

Sehr schuldig war auch Nietzsche, der Machtverhimmler; er hat eigentlich die Nazi-Tricks gelehrt (»Du sollst den Krieg mehr lieben als den Frieden ... «), der maulfertige Schuft; er ist der Vater jener Breker'schen Berufssoldaten, die, wenn man ihnen Felsblock und Keule nimmt, verhungern müssen, weil sie »halt weiter nichts gelernt haben«. Der und Plato waren große Schädlinge (und Ignoranten nebenbei : siehe Naturwissenschaften). [I,1,41]

»Ich will Ihnen was sagen, Herr Bauer : hoffentlich bleibt die Besatzung 50 Jahre ! – Erzählen Sie mir doch nicht, daß Hitlers stets 98%ige Wahlerfolge gefälscht gewesen wären : das hatte er gar nicht nötig ! Wie sie doch alle Gefallen an Achselstücken und fein ersonnenen Dienstgraden fanden, am dröhnenden Marschtritt und zackigem Gehorchen. (Führer befiehl : wir folgen ! : Gibt es etwas widerlicheres als diese Bitte um einen Befehl ? ! Pfui Deubel, Deutsche : Nee ! ! –). Und jeder HJ-Anwärter, jeder SA-Schwengel oder OA (er zuckte !) hielt sich doch für durchaus führerverdächtig ! –«

»Hätten ja nichts Anderes gehört, die Armen ? !« : »Erstens : doch ! !« – Und dann : »Predigen Sie ihnen doch einmal das Ideal des stillen Menschen, des arbeitsamen Gelehrten ! Daß es ihnen voll genug sein soll, wenn sie die großen Werte deutscher Kultur erhalten können und weitergeben : die werden Ihnen was erzählen !« (Nietzsche hats genau gewußt : *und* gebilligt und mitempfunden ! So gehört er zum rohesten Pöbel ! : wie sagt er geschliffen : frage einen derben kleinen Igel auf der Straße, ob er etwa besser oder klüger werden wolle, und er wird ironisch lächeln; aber raune verheißend : willst Du mehr Macht ? ! ! ! : hei, wie da die Äuglein leuchten ! !)

»Leider, Herr Bauer ! : auch für die (die Alliierten) sind wir nur Objekt; wenn sie uns in 5 oder 10 Jahren gegen Rußland brauchen wollen, ziehen sie uns doch wieder Uniformen an, setzen uns die jetzt ausrangierten Berufstotschläger vor die Nase, und : auf geht's ! »Üb immer Treu und Redlichkeit . . . !« – [I,1,168]

: Bmda=dáada Bmda=dáada Bmda=dá : dâ=ddadda ! : HOCHZEITZ=ZUCK AUF TROLDHAUGEN. (Und wir immer diskreet durchs Gehäuse geschielt) : / –. – : ! : DER

Breutijamm; hochschlank & in der kleidsamen Uniform der Bundes=Wehr, 1 Kriex=GOtt anzuschaun : »Sache, wa Hertha ? !«. – Aber sie mißbillichte mit Wakkelkopf und Mund : »Ich finnd, er sieht a bissel *sehr* dumm aus.« : »Selbst unter Berücksichtijunk des *doppeltn* Hand =i=Caps ? : Gleichzeitich Solldat und Bräutijamm sein müssn – es ist ja fast zu viel für 1 Menschnherz.« Aber sie schüttelte bei jeglichem mildernden Umschtand : »Kuck Da doch bloß amma *das* Gesichtl an ! : Viel zu *kleen* erstns. Unt dann noch so *dämlich* –«. : »Meingott=z wird halt'n Lantwirt sein – Du darfst nich immer gleich mit mei'm durchgeistichtn Geleertn=Kopf vergleichn.« Sie sah mich an; schmallippich und *soo* kallt. Und zoox ausdrücklich in der Nase hoch. [I,3,177]

Schwarze Punkte glitten aus einem fernen Waldstück – Panzer ! – und auf einmal war ein vögelchenfeines heiteres Piepen über uns; ich kreischte zum langsam herbalancierenden Pfaffen : »Hinlegen ! !« 100 Meter rechts von uns stachen zwei mannslange schwarzrote Flammen aus den Kiefernkronen; und wieder »Huiii – Ua !« Und wieder. Eisen tönte unten im Hohlweg; schwere Lasten. It cracked and growled and roared and howled. Aber nicht nur wir hier, sondern auch die Tanks schienen unter heftigem Beschuß zu liegen Noch einmal klatschte einer eine hysterische MG-Salve in die Baumstämme, dann drehten sie ab und raupten wieder ins Wäldchen. Wir rannten sofort geduckt hinter der Böschung zurück : da war der Boden rot; rot, ach. Einer der alten Bauern saß stumpf und hielt den tropfenden schlenkernden Arm. Und eins der Kinder war fast völlig zerrissen von zwei Riesensplittern,

Hals und Schultern, alles. Die Mutter hielt noch immer den Kopf und sah wie verwundert in die fette karminene Lache. Das kranke Ding aß alten Schnee vor Hunger und Durst; ich klopfte ihm ein bißchen die Hände; es hat ja doch keinen Sinn, ich hatte auch nichts zu essen. Dem alten Briefmarkenstempler wurde fast schlecht: »Ist denn das möglich –« flüsterte er und würgte am Speichel. Der Pfarrer tröstete die weinende Frau; er meinte: »Der Herr hat's gegeben; der Herr hat's genommen –« und, hol's der Teufel, der Feigling und Byzantiner setzte hinzu: »Der Name des Herrn sei gelobt!« (Und sah dabei stolz auf uns arme verlorene Heiden, die schamlose Lakaienseele! – Das schuldlose Kind – Seine 2000 Jahre alten Kalauer von der Erbsünde kann er doch nur einem erzählen, der keine Krempe mehr am Hut hat: Haben diese Leute denn nie daran gedacht, daß Gott der Schuldige sein könnte? Haben sie denn nie von Kant und Schopenhauer gehört, und Gauß und Riemann, Darwin, Goethe, Wieland? Oder fassen sie's einfach nicht, und mampfen kuhselig ihren Kohl weiter durch die Jahrhunderte? Das ist der Geist, der Flußregulierungen als Mißtrauensvota gegen Gott und Eingriffe in SEINE Schöpfung ablehnt. Einen Gottesgelehrten hab ich mal scharf vom Blinddarm urteilen hören: »Wenn er nicht zu was gut wäre, wär' er doch wohl gar nicht da!« – Whatever is, is right: Das gilt ja dann auch für spinale Kinderlähmung, Nonnenfraß, Sphaerularia Bombi Dufour und Herms Niels; blinde Gefolgschaft scheint immer schwarze Uniform zu tragen. – Pack). [I,1,42]

Künstler und Künste

Es ist eine der Aufgaben des Künstlers, boshaft zu sein ! – [II,1,259]

(Intelligenz lähmt, schwächt, hindert ? : Ihr werd't Euch wundern ! : Scharf wie'n Terrier macht se ! !). [I,2,9]

»Volk der Dichter und Denker« ist die faustdickste Lüge, auf der sich je Bürger wohlgefällig sielten : denn zwischen einem Volke und »seiner« Kultur bestehen verdammt wenig Beziehungen ! – [III,3,99]

Es ist ja auch so wenig Bedürfnis danach gewesn, daß man sich manchmal versucht fühlt, ›Kultur‹ für ein krankhaftes Gebilde, eine Art GehirnGeschwür in Bild=, Buch= und MusikForm zu haltn. [IV,3,44]

Farbenblindheit ist selten; Kunstblindheit die Regel (aber soll ich mich etwa deswegen für pervers oder im Unrecht halten ? !). Das ist ja schon ein Sanskritsprüchwort, daß die meisten Menschen nur noch Funken geben, wenn man sie mit der Faust ins Auge schlägt ! : also male Maler, schreibe Dichter, mit der Faust ! (Denn sie müssen ja irgendwie aufgeweckt werden, die Halbmenschen hinter dem Grenzpfahl : drum laß Dich getrost »Schläger« schelten von den Furchtsamen; »Brandstifter« von den Feuerwehrleuten; »Ein-Brecher« von den Schlafenden : möchten sie ihren betreffenden Göttern doch fürs endliche Aufwachen danken !). [I,1,355]

Daß ich KulturMelancholiker bin, iss Euch ja sattsam bekannt. [IV,3,44]

Nein : es ist nichts mit einem ‹Volk der Dichter & Denker›; *war* nie etwas; und *kann* es nicht sein. Ist es doch, höflich ausgedrückt, eine Naivität – korrekter : eine Frechheit ! – von der Kunst zu verlangen, sie habe sich, per fas et nefas, dem Nie=wo des ‹Volkes› anzupassen; *umgekehrt* ist es : der Einzelne, der Große Kunst verstehend genießen will, hat sich gefälligst zu ihr hin zu bemühen ! [III,4,321]

Dichter : erhältst Du den Beifall des Volkes, so frage Dich : was habe ich schlecht gemacht ? ! Erhält ihn auch Dein zweites Buch, so wirf die Feder fort : Du kannst nie ein Großer werden. Denn das Volk kennt Kunst nur in Verbindung mit -dünger und -honig (Keine Mißverständnisse : sonst mögens Wackermänner sein, aber schlechte Musikanten !) – Kunst dem Volke ? ! : das jault vor Rührung, wenn es Zarewitschens Wolgalied hört, und bleibt eiskalt gelangweilt beim Orpheus des Ritter Gluck. Kunst dem Volke ? ! : den slogan lasse man Nazis und Kommunisten : umgekehrt ists : das Volk (Jeder !) hat sich gefälligst zur Kunst hin zu bemühen ! – [I,1,137]

A&O (›Künste‹ ?) : »Die Lit'ratur wird immer mehr zum gereimtn WahlPlakat, (und der Roman gar ›engagiert‹). / Musik ? : zu Geräusch ein Gebrülle. Maler ? : nähern sich den Anstreichern. Bildhauer ? : den Maurern.«; (er zitiert THOMAS A KEMPIS) : »›In allen Dingen habe ich Ruhe gesucht; aber nicht gefunden, als in der Einsamkeit & in den Büchern – als in eem Hoecksken met een Boecksken.‹.« IV,3,46

Käse war eingewickelt in »Befreite Kunst«, Ausstellung in Celle. Auf dem Titel eine Abbildung : Barlach : »Der Geistkämpfer« : also so ein Krampf ! (Gekrille). Da lob ich mir Rodins Denker ! (Obwohl da auch was nicht stimmt : selbst unbekleidet macht es Mühe, den rechten Ellenbogen so auf den linken Oberschenkel zu setzen, *und* noch dabei zu denken !). Dabei hatte Barlach oft was gekonnt ! Aber das hier war blöd. [I,1,127]

Abends viele Worte gemacht gegen die Darstellung des unbekleideten Körpers in der Kunst. Es ist ja geradezu wie ein Fluch, daß unsere Bildhauer und Maler (in wohlberechnender Spekulation auf die Lüsternheit des Publikums) nur noch nackte Weiber zurechtschmieren und -hacken. Und ihren Produkten dann Namen geben wie »Mittag« (wenn sie besonders fett und schläfrig geraten ist), oder »Schwermut«, oder sie machen eine »Kniende« und »Sinnende«, gerade als wenn man diese Tätigkeiten nur noch im unbekleideten Zustande auszuüben vermöchte. [I,1,16]

Der nackte Bronzereiter (in der Kunsthalle) mit seinem blödsinnigen Hütchen (wenn er sonst nichts anhat, wird er gerade son kunstvollen Sturzhelm aufsetzen !); ich ging kopfschüttelnd an dem Betreffenden vorbei. [I,1,226]

Auch hatte ich, mit 1 Auge, ab & zu zuzusehen, wie man im Apparat die Bilder eines, anschein'nd vor ein paar

Stunden verstorbenen, ‹bekannten Malers› mit Gewalt zu erklären suchte : sämtlich in der beliebten modernen Strichführung; das heißt solche, wie man sie zu meiner Zeit häufig & gratis an den Wänden öffentlicher Bedürfnisanstalten fand, (‹Für Männer›; die von ‹Frauen› kennt man weniger) : TZ !; die Unverfrorenheit dieser Fuscher, die jeden Vormittag mühelos 6 Ölbilder auf ebensoviele Leinwände rotzten, war tatsäch'ch beneidenswert ! Zu dem allerletzten, noch unbenannten Halbendutzend, wurden die Zuschauer aufgefordert, zündende Titel zu erfinden – : ? – ich sah doch, sehr wider Willen, auch mit hin : ? : immer mal vorausgesetzt, daß er's richtig'rum hielt, wäre mein Vorschlag, 1 für Alle, gewesen : ‹Done in a Hurry› ! [I,3,502]

Ein ›Cello=Concert‹ von PENDERECKI ? : NEE ! ! ! ; also sowas hör ich mir für Geld nich mehr an : wie von ei'm verrückt gewordnen Techniker, für verrückt gewordne Techniker geschriebm. Ich bin wahrlich großgeherzt in den Künstn; aber *die* Schranke konnt' ich nicht mehr überspringn; hier war wohl eine echte Generationen-Grenze. [IV,3, 89]

Ich bin nicht für's Moderne; man hat es vielleicht schon gemerkt. [I,4,130]

(Wobei ich gern & von vornherein zugebe, daß ich von Musik & Religion wenig verstehe : weil mich das opernhafte Element in beiden abstößt; und ich mit dem Wörtlein ‹unerforschlich› noch stets die Frommen=Faulen am flinksten bei der Hand gefunden habe.) [III,2,229]

Mein ganzis Wes'n 'ss auf ›Worte‹ eingestellt; ergo auf Vernunft/Verstand. Und da *lei*stet Mir die Musik zu gefährlich=wenich : Ich habe Leute, bei der gleichn Melodie, lachn=&=wein'n sehen ! – : DAS DARF NICHT SEIN !. –«; ((?) : ›taub, Mein=Ohr‹ ? – : wenn Sie 'n Spürchin=Ahnunc von der Metrik Griechischer Chöre hättn, professore; würd'n Se soichn Piss nich äußern ! – Er schnieft) : »– : ›that such a difference should be, twixt Tweedledum and Tweedledee !‹ ! – (?) : achwàs : Freund Kolderup hat sich Mühe mit Mir gegebm. Und Ich *weiß* jetzt den Unterschied, zwisch'n GERSHWIN und ZOLTAN KODALY; – (obwohl Ich ihn nicht einsehe !).«; (›rien de trop‹ 'ss auch hier mein Credo.) [IV,2,196]

Ich will es nur frisch gestehen – ich bin einmal, trotz AUGUSTINUS oder ROUSSEAU, (die ich Beide nicht mag), beim ‹bekennen›, sprich ‹Mich=kompromittieren› – daß ich, als Vollblut=Schriftsteller, es ist dies mein gutes Recht, ‹Musik› danach beurteile, ob sie a) mich nicht stört; oder aber b) mich sogar fördert. [III,4,418]

Aber – Sie zwingen mich zu einem weiteren Klein=Exkurs – was ‹Musik› anbelangt, so habe ich immer bedauert, daß LESSING seinem LAOKOON nicht auch noch 1 kräftig Wörtlein ‹Über die Grenzen von Literatur & Musik› angefügt hat – vielleicht hätte sich dabei ergeben : wie es typisch für Zeiten des bedeutenden Verfalls & Übergangs ist, wenn die Dichtung sich übermäßig der musikalischen Krücke bedient. Und umgekehrt natürlich : siehe DITTERSDORF, oder KLEE's Bildertitel. Und daß es vielleicht nicht nur 1 Zeichen künstlerischer und persönlicher *Unsicherheit* sein könnte; sondern sogar zum Merkmal des Großen Schreibers gehören : daß er von Musik *nicht* allzuviel verstehe. [II,2,441]

Das ist mein größter Einwand gegen Musik, daß Österreicher darin exzelliert haben. [I,2,60]

Der Fall ist so selten nicht, daß Einem bei Geigenvirtuosen Messerwerfer einfallen. [II,2,293]

Die furch'barn BACH=Kantatn : bei Nummer 70, mit dem wahnsinnijen Hi=hi=hi=hi=hi=hi=hi=hi=hi=hi=hi=hi=hi=n, hab'ch de Geduld verlor'n – wollt schonn die ganze Kassette fall'n lassn. [IV,3,277]

›Die Musik‹ ? : kann ihre Herkunft aus FöglSang & Balz-Geröchl ooch nich verleugnin ! [IV,2,268]

Die Christen sind zu laut. Sie haben, um Kunden anzulokken, einen Aushang gemacht, Sie würden, Sonntag=Abend, auf der Orgel darstellen, 1) ein Gewitter; 2) eine Seeschlacht; 3) den Einsturz der Mauern von Jericho; 4) das SauerkrautStampfen der Friedrichstädter in der betreffenden Fabrik. [IV,2,19]

»Großer Gohott wir lohoben Dich :« (aus Evers' offenem Radio drüben, während die Alte Koteletts niederknüppelte und ihr Kleid auskehrte; und dann fing erst das eigentliche Gegospel an). Auch auf Langwelle kaute man feierlich an Dschieses Kraist, Orgeln brummten kuhwarm, und es war keine Rettung vor all den Molkereien der frommen Denkungsart. Halt : Radio Moskau, pfiuwitt : und irgendein ‹Charakterstück› purzelte aus dem Lautsprecher : ich versteh ja auch nichts von Musik, aber das war mir doch zu grob ! So : Märsche, Hopswalzer, Platz-Musik : das brauchts auch nich zu geben ! [I,1,314]

Und oben unermüdlich die Tanzmusik : ich hab in meinem Leben noch nicht getanzt. Und auch jetzt belauschte ich neidlos das ungestalte Getümmel : Arbeiter im Staat, Fabrikmädchen und Bauerntrampel, verschwitzt in Saal und Garten. Dann trumpfte die kleine Musik wieder auf; dann drehten sich die Hanswürste in ihren gebügelten Stoffhülsen : ja, wenn man allein mit ihr auf einer langen Wiese laufen würde, Hand in Hand aufeinander losstürzen, mit der Wölfin, heulend, und sich wieder getrennt-nahe durch die Büsche reißen : das eher; ja.

[I,1,357]

Das Musikinstrument ist mir am meisten verhaßt : die Ziehharmonika des Volkes ! Mit ihren gedunsenen, verwaschenen, knopfigen Tönen. [I,1,321]

Mir fiel unwillkürlich ›Lohengrin‹ ein; ('n ganz hübschis Stück, wenn de Musik nich wäre). [IV,2,296]

Beim Grammophonspielen : (‹singender klingender Melodienreigen› hätten sie bedenkenlos im Südwestfunk gesagt) und ich erschrak des Todes : Duke Ellington sein Gesicht ! ! (Dafür kann er ja vielleicht nischt; aber dann noch solch akustischen Abfall zu produzieren : dadurch wirds ein Makel). [I,1,205]

Braten und Sauerkraut (»Musik zu Tisch : vom Deutschlandsender«; und wieder der beliebte volkstümliche Melodienbuhurt, opus 0,5). [I,1,318]

Irgend ein ‹Accelerationen=Walzer›, und die strickende Mom Eisendecher wiegte bald den Kopf; mit jenem idiotisch=sinnigen Lächeln der Generation von 1890, wenn sie zu verstehen geben wollte, daß sie vom Zauber der Töne nicht unangerührt bliebe. [I,2,96]

Leise das Schenkenradio mit »Variationen über La Paloma« : die bestanden darin, daß sie das Ding abwechselnd eine Oktave höher oder tiefer und zuletzt so stotternd schnell spielten, daß man vollkommen zappelig dabei wurde. Dann lobte ein gemischtes Doppel die Kadum-Lanolinseife derart blödsinnig, daß ich doch wieder ungeduldig nach der nächsten weißen Taube verlangte, die denn auch, NWDRhaft rasch, nicht lange auf sich warten ließ : und die halten sich nun für den kulturellen Feldherrnhügel unserer Zeit ! Da sei Gott vor und unsre Liebe Frau von Guadaloupe ! [I,1,269]

»Och – schalt aus !«, denn »Buli Bulan« oder sonst ein Verantwortungsloser sang sacharinen : Fräulein Loni / ist mein Ideal / : denn sie kocht mir jedesmal / : Makkaroni ..... also gesendet im Bremer Werbefunk, süß sog und sandete die Musik (bloß, falls mich wieder mal Einer n Misanthropen nennt : ich hab meine Grind !) [I,1,159]

War nicht gestern Abend »Neues vom Schallplattenmarkt« gewesen, und hatte begonnen : »Jadas Kliemaa :

von Liemaa : ist priemaa« ? ! Was müssen das für gefühllose Automaten sein, die sowas

a) texten & musiken,

b) singen und platt schallen,

c) kaufen womöglich,

d) im Rundfunk bringen,

e) sich ruhig (oder gar angeregt) anhören !

(: Wer das Alles macht?!: der berühmte ‹Deutsche Mensch›! Von der Christlich-Abendländischen Kultur GmbH!) [I,1,320]

In einem alten GüterWagen, mit Schindeln gedeckt, wohnt LUDWIG TRUTEBUL, der Gärtner, inmitten der Abgase seiner Blumen. Seine Gattin in grüner Kittelschürze – Brüste verständig mittelgroß; aber anspruchsvolles Gesäß – den Mund voller Schlager, mit denen man Wühlmäuse wegsingen könnte. [IV,4,130]

Wenn ich ein offenes Fenster sehe, ärgere ich mich schon im Voraus über den Schlager, der mir daraus entgegenblöken wird. [IV,4,129]

Kino : erst Wochenschau : siegende wiegende Schnellboote (mit der betreffenden Scharfmachermusik dazu), und strahlende ‹Blaue Jungens› : »Wenn wir bloß ma n bißchen für Großdeutschland fallen könnten !«. Panzerprozessionen und Geschütze.

Dann der ‹Kulturfilm› : natürlich Alpen (und auch obligat heroisch instrumentiert; die Wolken segelten ergreifend zu einer Variante der Freischützenouvertüre); Seen und ach so schneeige Gipfel. Patinierte Felsen : 50 Fuß hoch waren die Steinschliffel, in rostiger Buschklepperrüstung, Farnfeder oben am Hut, Wackelstein als frecher Schädel. Ein milchweißes Ochsengespann setzte über den Fluß (Bläser schwollen da hymnisch auf, als strömende Begleitung). Und überall in der gefällig ausgefegten Landschaft ‹Deutsche Menschen›, patentierte, voller Charakterköpfe und Vertrauen auf den Endsieg. (»Ja, reizend, Berta !«).

Blöd und süß : der Hauptfilm. Man walzte dekorativ (»Nein, diese en-tzückenden Kleider, Heinrich !«); Willi dalberte um Lilian; und Hans Moser, der liebe kleine Schelm : Kinderkinder, wenn auf Totschlag bloß nicht immer gleich so hohe Strafen stünden !

Der Kaiser, der Kaiser, die ‹Liebe Majestät›, tanzte höchsteigenhändig mit ihr : und sie griff sich tief in den Falbelrock, mit knixenden Händen, glitt dichter heran : Riesenaufnahme (Oh Swift in Brobdignag !), schob lautlos den Mundhangar auf : lexikongroße Zahnplatten besetzten die Kieferbogen, unterm Nasenpilaster; die Wimpern starrten wie Kistennägel. Aus der Höhle begann es lockend zu walzen (und die seelenlosen Gaffer wiegten sich unmerklich im befohlenen Takt, wie das Lästrygonenhaupt oben hin und her schwankte).

Ja, und der Kaiser tanzte also mit ihr, paullinckisch, und s war eine große Ehr' (vielleicht hatte sie auch schon ‹unter› 3 Kaisern gedient); aber die ‹Standeskluft› war dann holt doch zu groß, und da akzeptierte sie den Honvedmusketier, den lustigen schneidigen, als erotisches Surrogat : und es war Alles so erstunken und absurd, so gemütvoll und deutsch : nee ! Ich schloß vergnügt die Augen : da roch ich wenigstens bloß den Schweiß um mich, und hörte meine kleine Nachbarin gebrochen schluchzen (wahrscheinlich als der Kaiser – einsam und tragisch wie nur je ein Wiener – in die Hofburg zurückschritt). – Sie breitete sich dann noch dekorativ auf ein Prunkbett, und poussierte n bissel mit Morpheus; bis ihr Penis in Honved-uniform sie erlösen kam : gottlob ! (Und bloß raus ! – – »Ach s war wieder mal schön, Heinrich !« : meine Frau. »Wunderbar, Berta.«; und wir bürgerten hauswärts. 20 Uhr und Sonnenuntergang). [I,1,377]

Illustrierte : die Pest unserer Zeit ! Blödsinnige Bilder mit noch läppischerem Text : es gibt nichts Verächtlicheres als Journalisten, die ihren Beruf lieben. [I,1,206]

Wir; besessen von ‹Illustrierten›, von Staatsrundfunk und Gefilm, sind nicht wert, daß je ein bedeutender Mensch Deutsch schrieb! [III,3,304]

Im Fernsehen wies 1 Bockser 2 breite Vorder=Füße her : die sei'n ihm die Garanten des Siex ! (Na, laß'n laufm : die werkgerechte Beschreibung der Verwundungen bei Homer, die Ritterkämpfe bei Ariost & Fouqué, sind, letzten Endes, genau dasselbe. Da könn'n die Feinsinnigen röcheln wie sie wollen : Stifter's ‹Witiko› ist & bleibt ein schlechtes Handbuch für Offiziersanwärter. Und die eines Denkenden würdige Einstellung einzig die von Doktor Rabelais : Voltaire plus Sterne durch 2 ! – Aber das darf man heute gar nich sagn.) [I,3,506]

Ich war aller Worte müde : ausgewaschene Worte, abgelutscht von Milliarden Zungen, dietricheckartschen, abgetragen in Milliarden Maultaschen, fritschgoebbelschen, schiefgelatschte auf allen Luftwegen, breitgequetschte mit allen Lippen, nasalierte, ausgespuckte, splittergebackne, durch Besen geschissne : Muttersprache ! (Och, was n reizendes sinniges Wort, nich ? !).

Aber wenn Einem die Sprache im Munde brennt : Mir ! [I,1,387]

Jeder Schriftsteller sollte die Nessel Wirklichkeit fest anfassen; und uns Alles zeigen : die schwarze schmierige Wurzel; den giftgrünen Natternstengel; die prahlende Blume(nbüchse). Und die Feuerwehrleute, die geistigen Eckensteher, die Kritiker, sollten ihr Nestelknüpfen gegen die Dichter nur unterlassen, und mal selbst was »Feinsinniges« produzieren : da würde die Welt ganz schön Hallo brüllen ! Natürlich ist die Poesie, wie jede andere große Schöne, von der entsprechenden Zahl Verschnittener umgeben; aber : das sind die rechten Mohren, die sich über die schwarzen Flecke in der Sonne freuen ! (Alles Rezensenten ins Stammbuch). [I,1,317]

Wer, der im Kürschner steht, weiß schon noch Bescheid mit Dämonen ? Die, die's behaupten, sicher nicht. Und ‹Leser› ? – achduliebergott. ‹Leser›, das sind Diejenigen, die zeitlebens ‹Schirm› zu dem sagen, wobei einem Schriftsteller ‹ein Stock im Petticoat› einfällt ! [I,4,136]

Daß der gemeine Mann die Druidennaturen präferiert, und es für 1 der Kennzeichen des echten Genius erachtet, wenn er nie den Fuß in eine Universitätsbibliothek setzt, ist ganz in der Ordnung; denn der Normalmensch ist träg, wirr & méchant – wird also sein Lieblingsautor träger, wirrer & méchanter zu sein haben. ‹Dichtkunst sei›, so heißt es in jenen Kreisen, ‹eine Gabe›, (pff ! : I wouldn't have it as a gift !); am besten lethelallig=automatisches, (was meist Apokalypsen & anderes Aufgeregtes 3. Klasse ergibt); die Niederschrift soll mit einer gewissen gesetzlosen Leichtigkeit erfolgen, (und der sich prompt einstellende, etwas vor=chaotische Habitus des Endergebnisses, wird als beabsichtigt deklariert). Für das Äußere dieser Sorte Dichter gilt die Regel der ‹gepflegten Ungepflegtheit›; also kuriose Kopf= & Halsmähnen; an der bloßen Tracht muß man erkennen können, daß ‹hier was nich stimmt›; und die ersehnte äußerste Umhüllung ist fast immer ein vergoldeter Rolls=Royce; (kurzum, ein reifer Idiot muß sichtbar werden. / Und gleich der andere (mein) Standpunkt : äußerlich & im Leben so unauffällig & retiré wie nur möglich, (wir haben doch wahrlich am Schreibetisch genügend Aufregungen !). [III,4,361]

Als Goethe eines Tages in das Arbeitszimmer seines »Freundes« Schiller trat – man kann das Wort sehr getrost in Anführungsstriche setzen; denn diese »Freundschaft« wurde hauptsächlich von arglosen Germanisten erfunden, ihrem gutmütigen Volke zu Gefallen, das zwei seiner großen Dichter gern Hand in Hand sehen will, wie es ja seitdem jedes pflichtbewußte Denkmal auch zeigt – da befiel ihn am Schreibtisch ein ausgesprochenes Schnüffeln. Er sah Frau Charlotte an; und diese zog achselzuckend das Schubfach auf, aus dem ein wahres Konzert süßlichst=fauliger Gestänke quoll : es war gefüllt mit modernden Äpfeln, in allen Stadien und Farben nur denkbarer Verwesung von Pflanzenleibern : »Er sagt, es rege ihn beim Schreiben an !« [III,3,223]

Daß Schiller heute, bei uns, der gesuchteste Drehbuchautor für Mord= und Räubergeschichten wäre, kann doch nur ein Denkfauler oder ein Germanist abstreiten.

[II,2,295]

Zwar ist *meine* Meinung über ‹Krimis› die, daß es sich dabei um keine sonderlich ernstzunehmende Form der Literatur handelt : ich bin altmodisch; ich bekenne gern, daß mir sowohl ‹beatles›, als auch jene Herrn, die habituell von durchgehenden Rennwagen abspringen müssen, um nur ein bißchen Aufsehen zu erregen, schlicht als ‹Krampfhennen› vorkommen. Ergo muß ein Krimi, um von mir gelobt zu werden, *mehr* sein als dieses : muß ein ‹Weltentwurf› sein; fein säuberlich durch mehrere Jahre hindurch gearbeitet; muß Gedanken enthalten, Erfindungen plus Beobachtungen, portrait=gute Gestalten & Landschaften, kurzum vielviel reiche Alltäglichkeit.

[III,4,428]

Joyce ist die Fülle; Beckett ne Krampfhenne. [ZT, 221]

‹Unsere Klassiker›, Goethe leider wie immer an der Spitze, sind unrealistisch. Suggerieren sich selbst, angesichts eines dreißigjährigen Chaos, die, selbst in Friedenszeiten absurde, Illusion einer stabilen Welt; und fordern auch ihre Leser auf, sich davon verführen zu lassen – was der Bürger natürlich sogleich begeistert tut : 99%

der Leserschaft wollen ja nicht die Realität abgebildet haben; sondern an formvollendeten Feiern teilnehmen, zu Ehren einer Daseinsstabilität, die nicht da ist. ‹Klassizismus› ? : das ist die Bezeichnung für eines von mehreren, angeblich unfehlbaren Verfahren, das uns umgebende und durchdringende Chaos dadurch zu beseitigen, daß man es ... *(mit schön vornehmem ‹o›)* : ‹Kosmos› nennt.

[II,2,302]

Den ‹greisen Goethe› stell'ich mir immer als 'ne Type vor, wie Adenauer. [I,3,396]

Großer Mann der Ludwig Tieck (Und wie steifbeinig-altklug dagegen Goethes »anständige« Geheimratsprosa : der hat nie eine Ahnung davon gehabt, daß Prosa eine Kunstform sein könnte; man kann über die gravitätische Stümperei der »Novelle« z.B. nur lachen !) [I,1,317]

Bei Goethe ist die Prosa keine Kunstform, sondern eine Rumpelkiste – den »Werther« beiseite; und »Wahrheit und Dichtung«, wo allerdings ja gar kein Problem einer Stofformung vorliegt – : gewaltsam aneinandergepappte divergente Handlungsfragmente; grob an den Hauptfaden geknotete Novellen; Aforismensammlungen; Waidsprüchlein aller Art – todsicher den ungeeignetsten Personen in den Mund gelegt : was läßt er das Kind Ottilie für onkelhaft weltkundige »Maximen« in ihr Tagebuch schreiben ! – Das demonstrativste Beispiel ist der »Wilhelm Meister«, zumal die »Wanderjahre« : was er sich hier, z.B. an Kapitelübergängen leistet, ist oft derart primitiv, daß ein wohlgeratener Primaner, der n bißchen was auf sich hält, sich ihrer schämen würde. Eine freche Formschlamperei; und ich mache mich jederzeit anheischig, den Beweis anzutreten (wenn ich nicht meine Arbeitskraft ernsthafteren Dingen schuldig wäre : Goethe, bleib bei Deiner Lyrik ! Und beim Schauspiel !). –[I,1,351]

Das Tagebuch ist, neben dem süchtig=breiten Briefeschreiben, die beliebte Äußerungsform des lebenslänglichen Dilettanten; und das Beste, was es bewirken kann der periodische Entschluß: es zu verbrennen! [III,4,390]

Ich mag weder Lyrik noch Lyriker übermäßig leiden, die Leutchen machen sich's, meiner Ansicht nach, etwas zu leicht. [III,4,325]

Das Primat der Prosa zu bezetern sei professionellen Reimern überlassen die sich auch weiterhin einbilden dürfen, ‹das Höchste sey & bleybe 1 lyrisch Gedicht› – 'ch weiß nich; aber 'n büschen komplizierter scheint mir das Leben denn nu doch. Und daß ein Großroman, an den ein begabtester Autor, ein Aner myrionous, (was immer das auch bedeuten möge), 1 oder gar 2 Jahrzehnte seines einzigartigen Daseins wendet, bedeutender ausfallen müsse, als das duftigste Sonett der warzigsten Wortmetze, leuchtet dem Leser, der für sein Geld mit Recht was haben will, ja wohl auch ein. [III,4,315]

Das ist der Fluch und Einwand gegen so Viele unter uns, daß sie mit bewegter Zunge ihren Abscheu vor der Technik aussprechen ! Das ist nicht neu : schon Schiller, Fouqué, Tieck, gaben einem Widerwillen gegen die Mathematik ungescheut Ausdruck; ohne sich scheinbar im Geringsten darüber Gedanken zu machen, daß sie damit in unverantwortlichster Weise die Realität desavouierten; die verhängnisvolle Kluft verbreiterten, an deren Rändern wir heute verdutzt stehen. (Der Einzige, der *etwas* davon ahnte, und sich um Naturwissenschaften und Technik aller Art bemühte – obwohl leider nur vom rein Optischen her; wenn er von astronomischen Maßeinheiten hörte, wurde auch ihm, als müsse er ‹unsinnig› werden ! – war Goethe. Der Einzige, der sich Fördermaschinen besah, während es ringsum noch von ‹Erdmännlein› faselte.)

Dabei stürzen ‹Unsere Dichter› also zwar mit kokett gespreizten Fingerbüscheln davon, wenn ein Wort von Cassinischen Kurven fällt; lassen sich aber andererseits leidenschaftlich im Auto fahren (heimlich triumphierend, daß sich wieder ein paar liebenswürdige imbeciles mehr gefunden haben, die dergleichen für sie erfinden und steuern.) [III,3,286]

›Panzer hupen nicht‹; klingt wie'n Roman von SIMMEL. [IV,4,111]

Diese Brüder – die Dichter – machen letzten Endes mit Einem, was sie wollen; sei es, daß sie Einem die segensreichen Folgen des regelmäßigen Genusses von Sanella vorgaukeln; sei es, daß man nur noch in ihren Formeln, Wortfügungen, Redensarten stottern kann. Ich habe eine Sommerreise verschoben, nur weil ich vorher die genial=scheußliche Schilderung eines Eisenbahnunglücks gelesen hatte. Andererseits bin ich in die Emsmoore gefahren – meingott, was für ein Land ! : mit den Bewohnern kann man sich nur durch Zeichen verständigen; nie werden die Füße trocken; und der Regen, der regnet jeglichen Tag – und nur, weil ein Dichter Liebesszenen dort lokalisiert hatte; Liebesszenen ! : angeblich floß die Luft dort grundsätzlich heiß, wie flüssiges Glas; und die Mädchen nahmen freiwillig Stellungen ein, wie man sie sonst nur aus Tausendundeinernacht kennt – – : *ich will nicht mehr lesen ! !* [I,4,71]

So weit war ich noch nich mit'n Nerven runter wie KAFKA, der sich vor jeder verschlossenen Tür einmachte, weil womöglich was dahinter sein könnte. [I,3,482]

Halt's Maul und mach' was ! ! ! [II,3,29]

Ein ‹Germanist› kann sich nun einmal keine Vorstellung von der Mentalität des Künstlers machen. [III,4,172]

O meine Sprachgenossen ! Der Schriftsteller : wenn dann das arme Luder, Franktireur des Geistes, tot ist, hundert Jahre später, möchten sie ihn am liebsten mit Germanistennägeln wieder aus dem Boden scharren. Und beanspruchen ihn dann noch frech als »Deutschen Dichter«, als volkseigenen : der würde Euch ganz schön anspucken, meine verehrten Sprachgenossen ! [I,1,296]

Heinrich Heine : Sehr nett zu lesen (sehr nett zu vergessen). Hätte er nur einen Band – nach Maßgabe meiner vierbändigen Ausgabe – geschrieben, wäre er ein großer Mann gewesen : aber das erlaubte die finanzielle Misere keinem Schriftsteller : jeder mußte aus Not zum Zuhälter der Muse werden, zum Louis (d.h. auf Deutsch : neckische Zeitungsgeschichten brauen; einiges für Rias arrangieren; fleißig Ausländer übersetzen usw.) [I,1,238]

Stifter's ›Nachsommer‹ liest sich, zumal im Dialog der ›Gestalten‹, so steiff, als sei das Buch von einem schlechten Übersetzer, um 1850, nach einem nicht guten Original übertragen : Deine Tochter, mein Freund, hat eine schöne Stirn. (Tja, man müßte ihn tatsächlich übersetzen. Stell'n Sie sich ma vor : ›STIFTER, ›Nachsommer‹, Deutsch von Arno Schmidt‹ – capitaler Einfall; ich lach' jetz schon !) [IV,4,49]

Kann man denn, alternd, überhaupt etwas andres sein, als Humorist ? [III,4,398]

Ich empfänd' es als schlicht ‹natürlich›, wenn ein Autor sich freute, daß der überwiegende Teil seiner Leser getreulich mit ihm altert. *Ich* halte das krampfige Bemühen der meisten Künstler um ‹Ewige Jugend›; und ‹mit der Zeit Schritt halten›; und ‹Kontakt mit Jungen Menschen› wahren : für kompliziert=abscheulich ! Ich bin, absolut !, für Einrichtung & Aufrechterhaltung, der – doch völlig organischen – Distanz zwischen den Generationen : ‹*unaufgeregte Apartheed !*› : dàs ist's, was Uns, auch in dieser Beziehung, not thut. [II,3,321]

Ich

Versuchen Sie bitte nicht, meine Bekanntschaft zu machen; ich würde Sie äußerlich und auch im Auftreten enttäuschen; das Beste was ich bin und habe, gebe ich Ihnen ohnedies nach mancher Arbeit konzentriert und gereinigt in meinen Büchern : Der Mensch Schmidt ist von diesen nur eine Verwässerung, die Sie sich klug ersparen sollten. [III,3,48]

Im allgemeinen bin ich am liebsten allein; ein Wesenszug, den meine wenigen Bekannten ohne Zögern bestätigen werden; das ist ja immer das Schönste, dieses »Ni Dieu, ni maître«. [I,4,103]

Sage Mir, wohin Du gehst; und Ich geh, sofort, anders=rum ! [IV,2,18]

Als junger Mensch : 16 war ich, bin ich aus Euerm Verein ausgetreten. Was Euch langweilig ist : Schopenhauer, Wieland, das Campanerthal, Orpheus : ist mir selbstverständliches Glück; was Euch rasend interessiert : Swing, Film, Hemingway, Politik : stinkt mich an. [I,1,165]

Ich bin auf diesem lächerlichen Planeten mehr anmassenden Dummköpfen begegnet, als ich erwarten durfte. [I,4,198]

Oben im Spiegel besehen : Mund verbiegen, Nase kräuseln, mit Eckzähnen ratlos spotten (auf einem Buchumschlag hinten : 12 vom Dichter selbst geschnittene Gesichter). Nochmal : Nee ! : war nischt mehr los mit mir ! Stoppelig, rappelig, geknittert, unbeherrscht : was war ich für ein Kerl mit 18 gewesen, Barrenhandstand und Expressionismus, Körperfeuer und Gesang (und jetzt : alle Verschlüsse undicht. [I,1,406]

Ich schätze die ›Arbeiter & Bauern‹ nicht, die einem fleißigen Schriftsteller verächtlich ins Gesicht schleudern : ›Schreibm ? Iss doch keene Arbeit !‹. [IV,4,87]

In einer selbst bei Deutschen auffälligen Einmütigkeit hat die Kritik mir sattsam nachgewiesen, daß ich besser daran täte, keine Bücher mehr zu schreiben. [III,3,477]

Wenn ich keine Menschen sah, war mir immer am wohlsten. [IV,3,236]

: Ich ? : Jung ? ! (Vorm Spiegel : Pf !). Es ist ja unter den Betroffenen ein weit verbreiteter Irrtum, daß sie mit 50 Jahren doppelt so interessant wären, wie mit 25 : wenn ich den kleinen runden Bauch einzog, war ich groß und schlank (ja, und falls ich viel Geld hätte, wär ich n reicher Mann). Haar mäßig verschimmelt; hinter der Brille gespreizte Augen : – Nee ! ! Ich drehte dem Gerät fest den Rücken (dann in die Hosen und Rasieren, Rasieren, du freie Burschenlust : das ist das Abscheulichste !). [I,1,313]

Auspuffgase ziehe ich dem feinsten Qualitätsweihrauch vor : besser reinlich verascht werden, als schleimig verfaulen. [III,3,290]

Ich bin wahrlich kein Freund von Mopeds : sie sind mir zu laut !; aber ein 20=jähriger, der auf dem seinen immer nur 20 führe, wäre mir doch auch wieder nicht recht.

[II,3,148]

Ich schätze die Jugend und ihr Urteil *nicht* übermäßig. Ein ‹Patriarchat› mag immer etwas Gräsiges sein; aber der Himmel (Tien) bewahre uns nicht minder vor ‹Junioraten› !; (und die Vollbärte haben sie beide gemein, Studenten wie Professoren). Ich lehne jegliches ‹Streitgespräch› sowieso prinzipiell ab; vor allem aber eins mit den 50'er Jahrgängen – wie die bestenfalls zu verlaufen pflegen, wissen wir ja seit der SchülerSzene des II. Faust – wir gehören einfach nicht zusammen. Was würde ein Zwanziger, wenn ein Alter Herr ihm applaudierte : ‹Schreiben Sie so weiter; der Beifall aller 60=Jährigen ist Ihnen gewiß !› dem wohl zurückgeben ? Ein frappant ähnliches Gefühl hätte ich, wenn mir Jugendliche zuriefen, der Beifall aller Zwanzigjährigen könnte mir nicht entgehen – dann müßte ich mich ja nur noch fragen, was ich denn diesmal besonders falsch gemacht hätte.

[III,4,462]

Dabei bin ich doch wirklich, schon rein äußerlich, nicht mehr in dem Alter, daß man mich im Verdacht haben könnte, der Anblick zweier Milchdrüsen vermöchte mich noch zum Trottel zu machen ! [I,4,129]

Ich bin ja ganz für Sterilisation der Männer – nicht etwa Kastrierung – und legalisierte Abtreibung. [I,1,309]

‹Ich› ? : das ist, wenn man erst mal 40 war, nur noch ein Sortiment von Schrullen und schlechten Gewohnheiten. [I,1,458]

Ein undisziplinierter Alter bin ich, gelt ? ! [I,2,95]

Ich habe nie gelernt, mich richtich zu benehmen, in keiner Gesellschaft – aber das teile ich ja auch mit den Meist'n. [IV,3,232]

Ich gestehe einen ‹Ordnungszwang› ein, der meine Umgebung verrückt machen kann. [III,3,501]

Ich habe nichts gegen Lügen; aber ich hasse Unakkuratesse ! [III,4,350]

Gute Taten heute : einem Fremden den Weg richtig gezeigt – (ich habe eigentlich nie öfter gelogen, oder mein Wort gebrochen, als unbedingt nötig war; selten aus Lust am Betrug. : wenn das Einer von sich sagen kann, so ist das, zumal im Hinblick auf den sonstigen Zustand dieser meilleurs des mondes völlig genügend : mach mir auch gar keine Skrupel weiter !) [I,1,170]

Ich lüg' gans gern, wenn ich Zeit hab' : die Wahrheit iss so was Gewöhnliches, nich ? [I,3,58]

Ich habe immer nur getrunken, um die Bildkraft der Seele zu steigern; dem geschundenen Geist die irdenen Bremsklötze wegzunehmen. [I,1,214]

Ich kann auch stur sein. [I,1,165]

Ich fasse nicht genug ! Gemüt zu klein : ne Gemeinheit des Herstellers ! [I,2,27]

Ich bin, wie jeder anständige Mensch, meiner Ansichten oftmals müde. [I,3,282]

Ich finde Niemanden, der so häufig recht hätte, wie ich ! [I,1,275]

Ich bin ein großes Arschloch. [I,2,217]

Ich geh' ganz gern über meine Leiche. [I,3,372]

Ich nenne mich ‹böse› : also darf ich mich fast schon ‹gut› nennen ? [I,3,49]

Eine kleine Weile habe ich mir die Welt besehen – es wird mir immer wahrscheinlicher, daß ›Geist‹ nicht viel mehr sei als, sagnWir, HolunderBlütn. [IV,3,73]

Ich habe keine Ahnung, was ›leben‹ heißt. [IV,3,118]

Wenn ich tot bin, mir soll mal Einer mit Auferstehung oder so kommen : ich hau ihm Eine rein ! [I,1,129]

Ich bin 6 Fuß groß, und da ist ne unbeabsichtigte Körperverletzung allzuleicht fällig. [I,2,169]

Ich bin nicht auf die Welt gekommen, um Rücksichten zu nehmen. [II,2,162]

Ich ärgere gern durch Wahrheiten. [III,2,280]

Ich bin ungefähr so geschmeidig wie Stonehenge. [III,3,448]

Ich *bin* ein, (wahrscheinlich noch viel öfter als Ich ahne), widerlicher Menschn=Rest. [ZT, 447]

Es ist über alle Maaßen entsetzlich, ich zu sein ! ! [I,1,379]

Der Gedanke, daß ich im Tode aufhören würde zu sein, hat mich immer recht zufriedngestellt. [IV,3,171]

Arno Schmidts Boutaden

Boshafte Leser hat Arno Schmidt immer gehabt. In den 50er Jahren zum Beispiel, zu Beginn seiner schriftstellerischen Laufbahn, reagierte so mancher Rezensent auf den ungewohnten Ton der schmidtschen Bücher mit wüsten Beschimpfungen. Der »Rheinische Merkur« rief angesichts der »unüberbietbaren Sprachverschluderung« nach dem »Sammler für Altpapier«; ein schweizer Kritiker hielt das »sprach-geistige Gewirr« für »unter aller Kritik«; »Christ und Welt« schalt Schmidt einen »Sprachräuber und Geistverzehrer«; ein Dr. Horst Biernath flehte aus Anlaß des Romans »Das steinerne Herz«: »Gott schütze die deutsche Literatur«; Hans Habe hielt das gleiche Buch für »pathologisches Gekritzel«, das »ein Stenogramm aus dem Irrenhause sein könnte«. (Schmidts Behauptung, ein Kritiker habe ihn »den umgestülpten Mastdarm des Teufels« genannt, läßt sich allerdings nicht verifizieren.)

In den späten 70er, frühen 80er Jahren dann meldeten sich in der langsam entstehenden Schmidt-Philologie verstärkt Leser zu Wort, die es – nach einer offenbar intensiven, affektbeladenen Phase der Zuneigung zum schmidtschen Werk und seinem Erzähler-Ich – für an der Zeit hielten, einen Vatermord zu begehen und Schmidt als plagiatorischen Reaktionär zu entlarven, der alle Fehler, die er anderen Autoren vorwarf, selbst begangen habe. Höhepunkt dieser Hobby-Forschung war ein Büchlein, das im Kern auf die Behauptung hinauslief, Schmidts gesamtes Werk sei der mißlungene Versuch, über die Schmach hinwegzukommen, kein Abitur gemacht zu haben – welche Behauptung immerhin belegte, daß ihr Urheber (auch) vom Schulsystem der Weimarer Republik keine Ahnung hatte.

An solche Arten boshafter (bisweilen gar bösartiger) Leser ist bei der vorliegenden kleinen Auswahl natürlich nicht gedacht. Vielmehr ist sie – wie wohl die ganze Reihe – für Leser, die Freude haben an überspitzten, aber intelligent und witzig formulierten Urteilen über Alles und Jeden. Leser, die sich freuen, wenn ihr Autor boshaft ist.

Arno Schmidt war oft boshaft. Schließlich hielt er es ja für »eine der Aufgaben des Künstlers, boshaft zu sein« (II,1,259). Freilich hat man von ihm keine geschliffenen Bosheiten à la Oscar Wilde oder G. B. Shaw zu erwarten. Die Figuren, denen er seine Aussprüche in den Mund legt, verkehren weder in Salons und Debattierclubs, noch wollen sie mit blasierter Miene, die Beine elegant übereinandergeschlagen, möglichst brillant formulierte Bonmots von sich geben – aus ihnen ertönt vielmehr »das heulende Gelächter des Gehirntiers« (III,4,129). Schmidts Ich-Erzähler, die in dieser Auswahl vornehmlich zu Wort kommen, sind meist leidenschaftliche Einsame, die sich wie im rasenden Sturz durch die Welt zu bewegen scheinen, von der sie wissen, daß sie definitiv nicht die beste ist. Keine Gelegenheit lassen sie vorübergehen, ihre Wut herauszuschleudern auf den Schöpfer-Dämon, der die Welt so miserabel erschaffen hat, und auf die Menschen, die alle Anstrengungen unternehmen, sie noch miserabler zu gestalten.

Schmidt ist bzw. seine literarischen Figuren sind – er

hat mehrfach darauf hingewiesen, daß da ein Unterschied zu machen sei – in ihren Aussprüchen oft politisch unkorrekt, rücksichtslos und beleidigend. Und ungerecht – aber was heißt das bei einem Autor, der den bedenkenswerten Begriff der »ausgleichenden Ungerechtigkeit« geprägt hat! Schmidts Aussprüche sind keine Diskussionsbeiträge zur Lösung von Problemen, sie sind die Kriegserklärungen eines von Schopenhauer geprägten Pazifisten an eine Welt, die »besser nicht wäre« (I,1,48).

Ein Passus aus Albrecht Fabris 1948 erschienenem Essay »Der schmutzige Daumen« paßt ziemlich genau auf Schmidts Ausbrüche: »›Boutade‹ nennt man diese Art von Ausspruch im Französischen: ein Wort, für das wir im Deutschen kein Äquivalent haben. Saillie d'esprit et d'humeur definiert es der Dictionnaire der Académie française; der Dictionnaire von Littré sagt: saillie d'esprit ou d'humeur. Aber der humeur ist nicht ad libitum in der Boutade, sondern ihr Prinzip und Motor. Eine Boutade ist ein Ventil, durch das sich eine Irritation Luft macht. Daher das Element Rabelais und Münchhausen in ihr: eine Boutade ist hyperbolisch oder überhaupt nicht; sie will abstoßen, provozieren, ihrem Autor Feinde machen; an der Boutade erkennen und scheiden sich die Geister. Darum auch gibt es keine Antwort auf eine Boutade. Eine Boutade ist kein Wort, sondern eine Art von militärischem Signal. Sie ruft gleichsam zu den Waffen; sie zwingt, Positionen zu beziehen; ist man betroffen von ihr, bleibt einem nur, sich drüber zu ärgern; ist man unbeteiligt, mag man sich dran ergötzen.« (A. F., Der schmutzige Daumen. Zweitausendeins, Frankfurt/Main 2000, S. 135 f.)

Bei Schmidts Boutaden, die sich buchstäblich gegen alle Welt richten, ist es eigentlich unmöglich, unbeteiligt zu sein. Wie also kommt es, daß der Leser sie trotzdem goutiert und belacht? – Hier scheint der Mechanismus zu greifen, der wohl auch hauptverantwortlich ist für die bei Schmidt-Lesern immer wieder zu beobachtende, in der deutschen Literatur des 20. Jahrhunderts einzigartige enge Bindung an ihren Autor: Selten hat ein Schriftsteller in seinen Texten mit solchem Anspruch, mit solcher Kraft, mit solcher Macht »Ich« gesagt wie Arno Schmidt. Und in seinen Erzählungen und Romanen, die bis einschließlich *Zettel's Traum* in der Ich-Form geschrieben sind, zwingt Schmidt dem Leser in jeder Zeile, in jedem Satz dieses Ich auf. Das literarische Erzähler-Ich dringt während der Lektüre gewissermaßen osmotisch in das Leser-Ich ein und läßt den Leser an allen Handlungen, Wahrnehmungen, Gedanken und Assoziationen und eben auch seinen Boutaden teilhaben. Der sich mit Schmidts Ich-Erzähler identifizierende Schmidt-Leser fühlt sich von den ihn eigentlich beleidigenden Beschimpfungen nicht betroffen, weil er sie sich zu eigen macht und selbst ausspricht.

Schmidt war sich dieses Effekts nicht nur bewußt, er klagte sogar darüber, daß er ihm nicht weit genug ginge: »Warum kann man andere Menschen nicht an sein Gehirn anschließen, daß sie dieselben Bilder, Erinnerungsbilder, sehen, wie man selbst?« (I,1,130). Andererseits gibt es immer wieder im Werk identifizierungs-störende Stolpersteine, die verhindern, daß die Leser ihm zu nahe kommen: Stellen, an denen er sein eigenes Ich mit Boutaden bedenkt: »Ich *bin* ein (wahrscheinlich noch viel öfter als Ich ahne), widerlicher Menschn=Rest.« (ZT 447)

Der Leser des vorliegenden Florilegiums der Bosheiten wird nicht erwarten, den Identifizierungs-Effekt bei diesen aus jedem Zusammenhang gerissenen Zitatbrocken zu erleben – der kann nur bei der Lektüre vollständiger Werke auftreten. Hier aber hat er die Chance, Schmidts Aussprüche und Ausfälle in ihrer Isolierung als die Fundamentalprovokation wahrzunehmen, die sie ist. Er mag sich ruhig »dran ergötzen«. Doch manchmal sollte er sich auch (siehe oben S. 68) ins Auge geschlagen fühlen – hoffentlich gibt er dann Funken.

Textnachweise

Die Zitate folgen in der Regel dem Wortlaut der von der Arno Schmidt Stiftung herausgegebenen »Bargfelder Ausgabe« der Werke Arno Schmidts in 17 Bänden, erschienen seit 1986 im Zürcher Haffmans Verlag, seit 2000 in der Auslieferung des Suhrkamp Verlags, Frankfurt/Main. In wenigen Fällen wurden nicht zum Thema gehörige Abschweifungen stillschweigend getilgt, ohne den Sinn der Aussage zu verändern; gegebenenfalls wurde Großschreibung am Satzanfang eingeführt oder ein Satzendpunkt gesetzt. – Zwei Zitate stammen aus dem noch nicht in der »Bargfelder Ausgabe« erschienenen Roman »Zettel's Traum«, 6. Auflage, S. Fischer Verlag, Frankfurt/Main 2004 (nachgewiesen mit »ZT« und Seitenzahl).

Die »Bargfelder Ausgabe« wird nachgewiesen durch die römisch numerierte Werkgruppe, die arabisch numerierte Bandnummer und die Seitenzahl.

Die Bandnachweise im Einzelnen:

Werkgruppe I: Romane, Erzählungen, Gedichte, Juvenilia

Band 1: Enthymesis (7 – 31); Leviathan (33 – 54); Gadir (55 – 75); Brand's Haide (115 – 198); Schwarze Spiegel (199 – 260); Die Umsiedler (261 – 297); Aus dem Leben eines Fauns (299 – 390); Seelandschaft mit Pocahontas (391 – 437); Kosmas (439 – 502)

Band 2: Das steinerne Herz (7 – 163); Tina oder über die Unsterblichkeit (165 – 187); Goethe und Einer seiner Bewunderer (189 – 220); Die Gelehrtenrepublik (221 – 349)

Band 3: Kaff auch Mare Crisium (7 – 277); Windmühlen (279 – 292); Der Sonn'entgegen (293 – 311); Schwänze (313 – 333); Kühe in Halbtrauer (335 – 349); Großer Kain (351 – 367); Kundisches Geschirr (369 – 398); Piporakemes (399 – 421); Die Wasserstraße (423 bis 454); Die Abenteuer der Sylvesternacht (455 – 474); Caliban über Setebos (475 – 538)

Band IV: Nachbarin, Tod und Solidus (51 – 53); Was soll ich tun (70 bis 72); Zählergesang (103 – 106); Am Fernrohr (107 – 110); Schulausflug (111 – 119); Rollende Nacht (120 – 122); Trommler beim Zaren

(129 – 134); Nebenmond und rosa Augen (135 – 140); Die Insel (185 bis 237)

Werkgruppe II: Dialoge

Band 1: Herrn Schnabels Spur (235 – 264); Dya Na Sore (305 – 331); Klopstock (359 – 388)

Band 2: Hundert Jahre (143 – 193); Belphegor (195 – 228); Die Kreisschlösser (229 – 241); Funfzehn (285 – 232); Das Geheimnis von Finnegans Wake (433 – 474)

Band 3: Das zweite Programm (7 – 29); Der Triton mit dem Sonnenschirm (31 – 69); Und dann die Herren Leutnants (143 – 167); Denn ›Wallflower‹ heißt ›Goldlack‹ (317 – 346)

Werkgruppe III: Essays und Biographisches

Band 2: Sitara und der Weg dorthin

Band 3: Herrn H. J. (42 –47); An den Leser (48); Rheinisch-Pfälzische Schriftsteller (97 – 100); Der Dank des Vaterlandes (210 – 213); Die große Hebammenkunst (223 – 224); Dichter und ihre Gesellen (285 – 291); Das Gesetz der Tristaniten (301 – 312); Kann der Mensch noch auf Geborgenheit hoffen (330); Was bedeutet Konformismus (342 – 343); Das-Land-aus-dem-man-flüchtet (386 – 389); Deutsches Elend (438 – 440); Die Wüste Deutschland (447 – 450); Haltet ihn (477 – 482); Bedeutend; aber (495 – 500) Vom Iskander zum Alexander (501 – 502)

Band 4: Der Platz, an dem ich schreibe (28 – 31); Gesammelte Werke in 70 Bänden (55 – 64); Das Buch Mormon (65 – 77); Die Geschichte vom Riesen Jermak (98 – 107); Die 10 Kammern des Blaubart (108 – 114); Niemandes Betulichkeit (170 – 178); »Wahrheit-?«, seggt Pilatus (234 – 240); Sylvie & Bruno (246 – 264); Sind wir noch ein Volk der Dichter & Denker (311 – 321); Unsterblichkeit für Amateure (322 – 328); Der Fall Ascher (351 – 360); Meine Bibliothek (361 – 368); Eines Hähers »:Tué!« (389 – 400); Armes Deutschland (408 – 412); Dichter & ihre Gesellen: Jules Verne (413 – 425); Enter Conte Fosco (426 – 432); Dankadresse zum GoethePreis (462 – 466)

ALDI
LUDWIGSPLATZ 6
64283 DARMSTADT

EUR

Champignons, 250 g		0,89 A
Eifeler-Schnitten		0,59 A
6 x	0,25	
Kiwi, Stück		1,50 A
Zitronen		0,59 A
Avocados		0,89 A
Krustenpraline		1,99 A
Moser Roth Schokolade		0,95 A
Krustenpraline		1,99 A

S u m m e 9,39
13 Artikel

B a r	EUR	9,39
Nettobetrag	MwSt A	8,78
MW-Steuer	07,0%	0,61

*9944 010/006/002/102 16.10.12 12:54 A-00

Unsere Öffnungszeiten
Mo - Sa: 8:00 - 20:00 Uhr

USt.-ID-Nr. DE120 353 436
VIELEN DANK
FÜR IHREN EINKAUF

ALDI
LUDWIGSPLATZ 6
64283 DARMSTADT

EUR

Champignons, 250 g		0,89 A
Eifeler-Schnitten		0,59 A
6 x	0,25	
Kiwi, Stück		1,50 A
Zitronen		0,59 A
Avocados		0,89 A
Krustenpraline		1,99 A
Moser Roth Schokolade		0,95 A
Krustenpraline		1,99 A
S u m m e		**9,39**
13 Artikel		
B a r	EUR	9,39
Nettobetrag	MwSt A	8,78
MW-Steuer	07,0%	0,61

*9944 010/006/002/102 16.10.12 12:54 A-00

Unsere Öffnungszeiten
Mo - Sa: 8:00 - 20:00 Uhr

USt.-ID-Nr. DE120 353 436
VIELEN DANK
FÜR IHREN EINKAUF

Werkgruppe IV: Das Spätwerk

Band 2: Die Schule der Atheisten
Band 3: Abend mit Goldrand
Band 4: Julia, oder die Gemälde

Klassische deutsche Literatur im insel taschenbuch Eine Auswahl

Der Kanon. Die deutsche Literatur. Herausgegeben von Marcel Reich-Ranicki.
- Erzählungen. 10 Bände und ein Begleitband im Schuber. 5700 Seiten
- Romane. 20 Bände im Schuber. 8112 Seiten
- Dramen. 8 Bände und ein Begleitband im Schuber. 4500 Seiten

Georg Büchner. Sämtliche Werke. Die kommentierte Ausgabe des Deutschen Klassiker Verlages. Zwei Bände in Kassette im insel taschenbuch. Herausgegeben von Henri Poschmann unter Mitarbeit von Rosemarie Poschmann. 2320 Seiten

Wilhelm Busch. Gedichte. Ausgewählt von Theo Schlee. Mit Illustrationen von Wilhelm Busch. it 2531. 195 Seiten

Annette von Droste-Hülshoff
- Der Distel mystische Rose. Gedichte und Prosa. Ausgewählt von Werner Fritsch. it 2193. 170 Seiten
- Die Judenbuche. Ein Sittengemälde aus dem gebirgichten Westfalen. Mit Illustrationen von Max Unold. it 399. 128 Seiten. it 3096. 108 Seiten
- Liebesgedichte. Ausgewählt von Werner Fritsch. it 2876. 136 Seiten
- Sämtliche Erzählungen. Herausgegeben von Manfred Häckel. it 1521. 234 Seiten
- Sämtliche Gedichte. Nachwort von Ricarda Huch. it 1092. 750 Seiten

NF 26/1/3.06

Marie von Ebner-Eschenbach. Dorf- und Schloßgeschichten. Ausgewählt und mit einem Nachwort versehen von Joseph Peter Strelka. it 1272. 390 Seiten

Joseph Freiherr von Eichendorff
- Aus dem Leben eines Taugenichts. Mit Illustrationen von Adolf Schrödter und einem Nachwort von Ansgar Hillach. it 202. 154 Seiten
- Gedichte. Mit Zeichnungen von Otto Ubbelohde. Herausgegeben von Traude Dienel. it 255. 163 Seiten
- Gedichte. In chronologischer Folge herausgegeben von Hartwig Schultz. it 1060. 268 Seiten
- Liebesgedichte. Herausgegeben vonWilfried Lutz. it 2591. 219 Seiten
- Novellen und Gedichte. Ausgewählt und eingeleitet von Hermann Hesse. it 360. 325 Seiten
- Sämtliche Gedichte und Versepen. Herausgegeben von Hartwig Schultz. it 3158. 752 Seiten

Theodor Fontane
- Briefe an Georg Friedlaender. Herausgegeben und mit einem Nachwort von Walter Hettche. Mit einem Essay von Thomas Mann. it 1565. 486 Seiten
- Effi Briest. Mit 21 Lithographien von Max Liebermann. it 138 und it 2811. 354 Seiten
- Ein Leben in Briefen. Ausgewählt und herausgegeben von Otto Drude. it 540. 518 Seiten
- Ein Sommer in London. Mit einem Nachwort von Harald Raykowski. it 1723. 252 Seiten
- Fontane für Gestreßte. Ausgewählt von Otto Drude. it 3030. 106 Seiten
- Frau Jenny Treibel oder »Wo sich Herz zum Herzen findt«. Roman. Mit einem Nachwort von Richard Brinkmann. it 746 und it 2952. 269 Seiten

- Gedichte. Ausgewählt und mit einem Nachwort von Rüdiger Görner. it 2221. 200 Seiten
- Die Gedichte. Herausgegeben von Otto Drude. it 2684. 751 Seiten
- Grete Minde. Nach einer altmärkischen Chronik. Mit einem Nachwort von Peter Demetz. it 1157. 154 Seiten
- Meine Kinderjahre. Autobiographischer Roman. Mit einem Nachwort von Otto Drude. Mit Illustrationen und Abbildungen. it 705. 276 Seiten
- Der Stechlin. Mit einem Nachwort von Walter Müller-Seidel. it 152. 504 Seiten
- Unterm Birnbaum. Erzählung. Mit einem Nachwort von Otto Drude. Großdruck. it 2428. 192 Seiten

Georg Forster. Reise um die Welt. Herausgegeben und mit einem Nachwort von Gerhard Steiner. it 757. 1039 Seiten

Johann Wolfgang Goethe
- Elegie von Marienbad. it 1250. 128 Seiten
- Erotische Gedichte. Gedichte, Skizzen und Fragmente. Herausgegeben von Andreas Ammer. it 1225. 246 Seiten
- Faust. Text und Kommentar. Herausgegeben von Albrecht Schöne. Zwei Bände in Kassette. it 3000. 1976 Seiten
- Gedichte. Sämtliche Gedichte in zeitlicher Folge. Herausgegeben von Heinz Nicolai. it 2281. 1264 Seiten
- Gedichte in zeitlicher Folge. Herausgegeben von Heinz Nicolai. it 1400. 1249 Seiten
- Gedichte in Handschriften. Fünfzig Gedichte Goethes. Ausgewählt und erläutert von Karl Eibl. it 2175. 288 Seiten
- Goethe für Gestreßte. Ausgewählt von Walter Hinck. it 1900. 132 Seiten
- Goethe, unser Zeitgenosse. Über Fremdes und Eigenes. Herausgegeben von Siegfried Unseld. it 1425. 154 Seiten

NF 26/3/3.06

- Italienische Reise. Mit Zeichnungen des Autors. Herausgegeben und mit einem Nachwort von Christoph Michel. it 175. 808 Seiten
- Das Leben, es ist gut. Hundert Gedichte. Ausgewählt von Siegfried Unseld. it 2000. 204 Seiten
- Die Leiden des jungen Werther. it 2775. 170 Seiten
- Liebesgedichte. Ausgewählt von Karl Eibl. it 2825. 128 Seiten
- Märchen. Der neue Paris. Die neue Melusine. Das Märchen. Herausgegeben von Katharina Mommsen. it 2287. 232 Seiten
- Maximen und Reflexionen. Text der Ausgabe von 1907 mit der Einleitung Max Heckers. Nachwort Isabella Kuhn. it 200. 370 Seiten
- Novelle. Herausgegeben von Peter Höfle. it 2625. 80 Seiten
- Novellen. Herausgegeben und mit einem Nachwort von Katharina Mommsen. Mit Zeichnungen von Max Liebermann. it 425. 293 Seiten
- Ob ich dich liebe weiß ich nicht. Liebesgedichte. Herausgegeben von Karl Eibl. Großdruck. it 2396. 175 Seiten
- Tagebuch der Italienischen Reise 1786. Notizen und Briefe aus Italien. Mit Skizzen und Zeichnungen des Autors. Herausgegeben und erläutert von Christoph Michel. it 176. 402 Seiten
- Verweile doch. 111 Gedichte mit Interpretation. Herausgegeben von Marcel Reich-Ranicki. it 1775. 512 Seiten
- Die Wahlverwandtschaften. Ein Roman. it 1. 333 Seiten. it 2950. 314 Seiten
- West-östlicher Divan. Mit Essays zum »Divan« von Hugo von Hofmannsthal, Oskar Loerke und Karl Krolow. Herausgegeben von Hans-J. Weitz. it 75. 400 Seiten

Wilhelm Hauff

- Die Geschichte von dem kleinen Muck. Mit Illustrationen von Fritz Fischer und einem Nachwort von Ludwig Harig. it 2867. 94 Seiten

NF 26/4/3.06

- Märchen. Herausgegeben von Bernhard Zeller. Mit Illustrationen von Theodor Weber, Theodor Hosemann und Ludwig Burger. it 216. 480 Seiten
- Das Wirtshaus im Spessart. Eine Erzählung. it 2584. 202 Seiten

Heinrich Heine
- Buch der Lieder. Mit zeitgenössischen Illustrationen und einem Nachwort von E. Galley. it 33. 322 Seiten
- Deutschland. Ein Wintermärchen. Mit einem Nachwort von Thomas Rosenlöcher. it 3153. 136 Seiten
- Heine für Gestreßte. Ausgewählt von Joseph Anton Kruse. it 3155. 112 Seiten
- Liebesgedichte. Ausgewählt von Thomas Brasch. it 2822. 96 Seiten
- Mein Leben. Autobiographische Texte. Ausgewählt von Joseph Anton Kruse. Mit zahlreichen Abbildungen. it 3154. 208 Seiten
- Der Rabbi von Bacherach. Ein Fragment. Mit einem Nachwort von Joseph A. Kruse. Großdruck. it 2426. 120 Seiten
- Sämtliche Gedichte in zeitlicher Folge. Herausgegeben von Klaus Briegleb. it 1963. 917 Seiten
- Späte Gedichte und Lyrik aus dem Nachlaß. Herausgegeben von Joseph A. Kruse und Marianne Tilch. it 3036. 320 Seiten

Johann Gottfried Herder. Lieder der Liebe. it 2643. 120 Seiten

E. T. A. Hoffmann
- Die Abenteuer der Silvester-Nacht. Mit farbigen Illustrationen von Monika Wurmdobler. it 798. 81 Seiten
- Die Elixiere des Teufels. Mit Illustrationen von Hugo Steiner-Prag. it 304. 349 Seiten
- Das Fräulein von Scuderi. Erzählung aus dem Zeitalter Ludwigs des Vierzehnten. Mit Illustrationen von Lutz Siebert. it 410. 127 Seiten

NF 26/5/3.06

- Lebensansichten des Katers Murr, nebst fragmentarischer Biographie des Kapellmeisters Johannes Kreisler in zufälligen Makulaturblättern. Mit Illustrationen von Maximilian Liebenwein. it 168. 506 Seiten
- Der Sandmann. Mit Illustrationen von Hugo Steiner-Prag und einem Nachwort von Jochen Schmidt. it 934. 84 Seiten

Friedrich Hölderlin
- Hyperion oder Der Eremit in Griechenland. Herausgegeben und mit einem Nachwort versehen von Jochen Schmidt. it 365. 240 Seiten
- Sämtliche Gedichte und Hyperion. Herausgegeben von Jochen Schmidt. it 2796. 667 Seiten
- Die schönsten Gedichte. Ausgewählt und mit einem Nachwort versehen von Jochen Schmidt. it 1508. 128 Seiten

Alexander von Humboldt. Die Kosmos-Vorträge 1827/28 in der Berliner Singakademie. Herausgegeben von Jürgen Hamel und Klaus-Harro Tiemann in Zusammenarbeit mit Martin Pape. it 3065. 233 Seiten

Gottfried Keller
- Der grüne Heinrich. Erste Fassung. Mit Zeichnungen Gottfried Kellers und seiner Freunde. Zwei Bände. it 335. 874 Seiten. it 2944. 960 Seiten
- Die Leute von Seldwyla. Vollständige Ausgabe der Novellensammlung. Mit einem Nachwort von Gerhard Kaiser. it 958. 732 Seiten
- Romeo und Julia auf dem Dorfe. Mit einem Nachwort von Klaus Jeziorkowski. it 756. 139 Seiten
- Das Sinngedicht. Novellen. Mit einem Essay von Gerhard Kaiser und ausgewählten Abbildungen. it 2708. 335 Seiten
- Spiegel, das Kätzchen. Ein Märchen. it 2768. 92 Seiten

NF 26/6/3.06

Heinrich von Kleist

- Michael Kohlhaas. Aus einer alten Chronik. Nachwort von Jochen Schmidt. it 1352. 172 Seiten
- Sämtliche Erzählungen. it 2862. 336 Seiten

Jakob Michael Reinhold Lenz

- Werke und Briefe in drei Bänden. Herausgegeben und mit einem Essay von Sigrid Damm. it 3159. 2750 Seiten

Eduard Mörike

- Brautbriefe. Die Briefe an Luise Rau. Herausgegeben von Dietmar Till. it 3039. 304 Seiten
- Eduard Mörikes schönste Erzählungen. Ausgewählt und mit einem Nachwort versehen von Hermann Hesse. Redaktion: Volker Michels. it 1290. 288 Seiten
- Die Historie von der schönen Lau. Mit Illustrationen von Moritz von Schwind und einem Nachwort von Traude Dienel. it 72. 112 Seiten
- Idylle vom Bodensee. Mit zeitgenössischen Illustrationen von Ferdinand Schlotterbeck. Herausgegeben und mit einem Nachwort versehen von Egon Gramer. Mit einem Vorwort von Arnold Stadler. it 3098. 128 Seiten
- Liebesgedichte. Ausgewählt von Wilfried Lutz. it 3040. 160 Seiten
- Maler Nolten. Novelle in zwei Teilen. Erste Fassung. Mit zeitgenössischen Illustrationen und einem Nachwort von Wolfgang Vogelmann. it 404. 482 Seiten
- Mozart auf der Reise nach Prag. Eine Novelle. Mit Illustrationen von Hugo Steiner-Prag und mit einem Nachwort von Traude Dienel. it 376. 122 Seiten. it 3127. 128 Seiten
- Die schönsten Gedichte. Herausgegeben von Hermann Hesse. Mit Zeichnungen des Autors. it 2540. 178 Seiten

NF 26/7/3.06

Karl Philipp Moritz

- Anton Reiser. Ein psychologischer Roman. Mit einem Nachwort von Max von Brück. it 2229. 533 Seiten
- Götterlehre. Herausgegeben von Horst Günther. Mit Fotografien. it 2507. 340 Seiten
- Reisen eines Deutschen in England im Jahr 1782. Mit einem Nachwort von Heide Hollmer. it 2641. 200 Seiten

Friedrich Nietzsche

- Also sprach Zarathustra. Ein Buch für Alle und Keinen. Thomas Mann: Die Philosophie Nietzsches im Lichte unserer Erfahrung. it 145. 368 Seiten
- Ecce homo. Wie man wird, was man ist. Mit einem Vorwort von Raoul Richter und einem Nachwort von Ralph-Rainer Wuthenow. it 2677. 164 Seiten
- Gedichte. Nach den Erstdrucken 1878 bis 1908. Herausgegeben von Ralph Kray und Karl Riha unter Mitarbeit von Mario Leis. Mit zahlreichen Abbildungen. it 1622. 162 Seiten
- Götzen-Dämmerung oder Wie man mit dem Hammer philosophiert. Herausgegeben von Karl Schlechta. it 822. 123 Seiten
- Nietzsche für Gestreßte. Ausgewählt von Ursula Michels Wenz. it 1928. 112 Seiten

Novalis

- Gedichte. Die Lehrlinge zu Sais – Dialogen und Monolog. Mit einem Nachwort von Jochen Hörisch. it 1010. 179 Seiten
- Heinrich von Ofterdingen. Herausgegeben von Jochen Hörisch. Mit zeitgenössischen Abbildungen. it 596. 244 Seiten
- Liebesgedichte. Ausgewählt von Gerhard Schulz. it 2874. 112 Seiten
- Novalis für Gestreßte. Ausgewählt von Ursula Michels-Wenz. it 2704. 150 Seiten

NF 26/8/3.06

Friedrich Schiller

- Sämtliche Erzählungen. Mit einer Einleitung von Emil Staiger und Erläuterungen von Manfred Hoppe. it 3080. 248 Seiten
- Sämtliche Gedichte. Herausgegeben von Jochen Golz. it 2547. 606 Seiten
- Schiller für Gestreßte. Ausgewählt von Ursula Michels-Wenz. it 3074. 148 Seiten
- »Schöne Welt, wo bist du?« Gedichte. Ausgewählt und mit einem Nachwort versehen von Thomas Rosenlöcher. it 3076. 179 Seiten
- Wallenstein. Ein dramatisches Gedicht. Wallensteins Lager – Die Piccolimini – Wallensteins Tod. Herausgegeben von Herbert Kraft. Mit einem Nachwort von Oskar Seidlin. it 752. 336 Seiten

Adalbert Stifter

- Bergkristall und andere Erzählungen. it 438. 336 Seiten. it 3070. 328 Seiten
- Bergkristall. Mit einem Nachwort von Josef Vilsmaier und farbigen Fotos aus dem Film. it 3069. 96 Seiten
- Der Nachsommer. it 3119. 800 Seiten

Theodor Storm

- Am Kamin. Und andere unheimliche Geschichten. Mit Illustrationen von Roswitha Quadflieg. Ausgewählt und mit einem Nachwort versehen von Gottfried Honnefelder. it 2420. 236 Seiten
- Gedichte. it 731. 240 Seiten
- Immensee. it 732. 192 Seiten
- Pole Poppenspäler. Und andere Novellen. it 733. 189 Seiten
- Der Schimmelreiter. Mit Zeichnungen von Hans Mau und einem Nachwort von Gottfried Honnefelder. it 736. 180 Seiten

NF 26/9/3.06